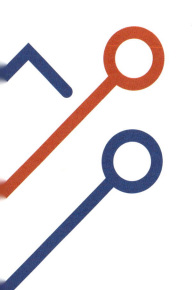

"芯"火燎原

芯片人才自主培养探路

周祖成 ○ 主编
慕容素娟 ○ 编著

清华大学出版社
北京

内 容 简 介

本书重点讲述我国近 30 年来自主培养芯片高科技人才的探索之路，共分为 4 章：第 1 章讲述中国半导体产业开局时的高光时刻及曲折历程，并呈现为之奋斗的开局者们和建设者们；第 2 章指出 20 世纪 90 年代产业与高校之间脱节严重，清华大学等一批高校的科研教师和华为、华大等企业合力，以"中国研究生电子设计大赛"（简称"研电赛"）为抓手，探索校企合作共同培养高科技人才的道路；第 3 章展示全国更多高校、地方政府和产业园区合力联动，人才培养模式从"校企合作"拓宽至集"政、产、学、研、用"之大成；第 4 章讲述中兴事件之后，为响应国家需求，研究生创"芯"大赛从"研电赛"独立出来，专门为国家培养芯片人才。

本书适合芯片人才培养相关的政府人员、产业人士、高校教师和科研机构的学者，以及立志在芯片领域从业的学生阅读。

本书封面贴有清华大学出版社防伪标签，无标签者不得销售。
版权所有，侵权必究。举报：010-62782989，beiqinquan@tup.tsinghua.edu.cn。

图书在版编目（CIP）数据

"芯"火燎原：芯片人才自主培养探路/周祖成主编；慕容素娟编著.—北京：清华大学出版社，2024.2（2024.5 重印）
ISBN 978-7-302-65570-1

Ⅰ．①芯… Ⅱ．①周… ②慕… Ⅲ．①芯片－电子工业－人才培养－研究－中国 Ⅳ．①F426.63

中国国家版本馆 CIP 数据核字（2024）第 037074 号

责任编辑：杨迪娜
封面设计：杨玉兰
责任校对：徐俊伟
责任印制：杨　艳

出版发行：清华大学出版社
　　　　网　　址：https://www.tup.com.cn，https://www.wqxuetang.com
　　　　地　　址：北京清华大学学研大厦 A 座　　邮　　编：100084
　　　　社　总　机：010-83470000　　邮　　购：010-62786544
　　　　投稿与读者服务：010-62776969，c-service@tup.tsinghua.edu.cn
　　　　质量反馈：010-62772015，zhiliang@tup.tsinghua.edu.cn
　　　　课件下载：https://www.tup.com.cn，010-83470236
印 装 者：三河市龙大印装有限公司
经　　销：全国新华书店
开　　本：148mm×210mm　　印　张：6.5　　字　数：174 千字
版　　次：2024 年 3 月第 1 版　　印　次：2024 年 5 月第 2 次印刷
定　　价：79.00 元

产品编号：101808-03

序 1

我从1998年第二届中国研究生电子设计大赛(简称"研电赛")开始担任命题与评审工作,见证了研电赛的发展足迹。

20世纪90年代,我国处于"缺芯少魂"的状态,而解决这个问题,需要从最根本的人才环节入手。然而,当时学界与产业界之间的脱节情况还比较严重,高校培养出的学生与企业所需的人才不能很好地匹配。

研电赛于1996年,由清华大学周祖成老师及一群有情怀、有远见的教师队伍发起,立志为国家培养高层次的电子设计人才。研电赛开创性地将高校与企业进行连接,通过企业命题将产业界最新的技术应用和发展态势传递到高校中,为参赛的硕士生、博士生以及带队老师提供了一个了解产业前沿技术应用的有效途径,也为产业界与高校师生之间搭建了一个沟通交流的桥梁。

研电赛不断进行创新,从最早的企业命题、企业评审和设奖,到增设商业计划书,倡导"创意、创新、创业"等,旨在更加有效地推进产业界与高校之间的深度融合,更好地培养国家和产业所需要的高层次人才。

此外,研电赛极具前瞻性,在中兴事件发生之前,就敏锐地意识到芯片人才的重要性,于2017年筹备,2018年从研电赛中分离出独立的一个赛事——创"芯"大赛,专门为国家培养芯片高端人才。

2018年首届创"芯"大赛举办,我在大赛上提到"大国重器一定要掌握在自己手里",我国芯片EDA设计工具、芯片制造、材料、装备等方面仍存在短板。

创"芯"大赛为我国缓解芯片人才匮乏、解决芯片卡脖子问题提供了一个有力的支点。

研电赛至今已举办近 30 年，目前已成为我国办赛时间最久、规模最大、影响力最强的研究生创新实践赛事——高达 200 多所高校和研究机构参赛，5000 多支参赛队伍，20000 多名参赛硕士生和博士生。

研电赛最早期的参赛学员，有些已成为优秀的大学教授、学院院长、科研带头人，他们继续培育一批学生进行科研创新；也有些成为优秀的企业家或企业的技术带头人，带领企业推进技术创新。

三十年如一日，研电赛所取得的这些成果，令人欣慰。

当前，中国芯被卡脖子问题日趋严重，亟需更多的人才加入进来，致力于中国芯的做大做强。期待研电赛和创"芯"大赛继续为国家源源不断地培养高层次人才。

倪光南
中国工程院院士
2024 年 3 月

序 2

1996年由清华大学和中国电子学会共同发起的"华为杯"全国高校研究生电子设计竞赛(后简称"研电赛")快30年了,2022年研电赛的全国研究生参赛人数超过2.3万人,全国参赛的研究生培养单位也有276所。

2018年研电赛中分出了中国研究生创"芯"大赛,2023年第六届创"芯"大赛的参赛队伍达900支,有近4000余名师生参赛。

目前全国研究生的研电赛和创"芯"大赛都纳入了教育部学位与研究生教育发展中心、全国工程专业学位研究生教育指导委员会联合主办的研究生学科系列赛事的"研究生创新实践大赛"。

我在2012年全国研究生电子设计竞赛十六周年历程回顾时讲到:"全国研究生电子设计竞赛举办十多年来,规模越来越大,水平越来越高,作为最早参与组织这一活动的一员,我深感欣慰,并由衷地向当年和一贯给予支持的清华大学、复旦大学等高校,华为、华大等企业,侯朝焕、倪光南等专家,特别是周祖成老师表示崇高的敬意和感谢!"

我认为竞赛的意义并不在于奖杯,而在于它对研究生培养的实践性导向,由衷地希望竞赛能更好地坚持这一导向,引导更多研究生同学强化实践,"真刀真枪"解决实际问题,引导更多研究生同学站在前沿,勇于创新;引导产学研更深入地合作,引导师生更密切地互动交流,引导多学科的交叉融合,让更多的人才"冒"出来。

"鼓励办好研究生创新实践大赛"被明文写进《教育部 国家发展改革委 财政部关于加快新时代研究生教育改革发展的意见》

（教研〔2020〕9号）。当前，国内外都处在科学与技术高度融合的时期。全球集成电路产业链已走过技术和资本的积累阶段，面临的问题是科学发现和技术创新。习主席又提出，深入实施新时代人才强国战略，加快建设世界重要人才中心和创新高地。

  我衷心祝愿两个研究生的赛事（研电赛和创"芯"大赛）越办越好，也十分感谢清华大学出版社对研究生创新实践大赛的鼓励和支持！

龚　克

清华大学原副校长

2024年3月

前言

20世纪50年代,中国半导体事业处于起步阶段,并迎来第一次海归潮。黄昆、谢希德、林兰英、王守武等海外学子,带着知识、经验和热情,学成归来,报效祖国。中国半导体事业在多个层面实现从0到1的突破,并紧追美国。例如,1957年,我国培养出第一批半导体专业学生;1958年,我国半导体领域最早的专著《半导体物理学》问世;从1957年我国拉制出第一根锗单晶,1961年中国第一块锗集成电路问世,到1965年中国第一块硅集成电路诞生……

20世纪60—70年代,半导体人才培养出现断档,整个半导体产业陷入停滞。

紧接着,20世纪80—90年代"以市场换技术"的风潮逐步袭来,但市场换来的技术没有"知识产权"(IP),国内诸多生机勃勃的技术研发和应用未能继续推进。以"卡脖子"的光刻机为例,1980年,我国第四代分步重复光刻机的光刻精度就达到$3\mu m$,接近国际主流水平。1985年,我国研制出采用436nm G线光源的光刻机,达到美国4800DSW的水平,几乎与美国追平,当时光刻机巨头——荷兰半导体设备制造商公司阿斯麦(ASML)也才刚成立1年(该公司于1984年成立)。可惜的是,我国光刻机技术研发后来几乎没有进展。

在这期间,全球从以"晶体管"为重心的半导体研究转向以"芯片研发"为重心的集成电路研究,集成电路产业沿着"摩尔定律"高速发展。1987—1997年,集成电路制程迭代从$3\mu m$、$1.5\mu m$、

1.2μm、1.0μm、0.8μm、0.6μm、0.5μm、0.3μm 到 0.25μm。同时，日本、韩国和中国台湾的集成电路产业相继发展起来。而中国大陆的集成电路产业落到了队尾，与国际先进水平产生巨大差距。

在此，需要强调集成电路与半导体是两个不同的概念。半导体是以晶体管的研发、制造为重心，与半导体器件紧密相关；而集成电路是以芯片系统研发为重心，涉及整个集成电路产业链，需要不断进行技术迭代并产生市场效应。

第二次海归潮是在千禧年。2000年前后，在海内外产业人士和政府多次的交流与协同下，中国集成电路产业迎来生机。2000年4月，中国大陆第一个纯晶圆制造的企业中芯国际成立。同年6月，国务院发布《鼓励软件产业和集成电路产业发展的若干政策》(业界称之为"18号文")，18号文不仅强调了集成电路的战略地位，更重要的是明确了芯片设计的龙头地位，芯片设计、制造、封装测试协同发展，这对推进我国集成电路产业的发展极为关键。

在18号文的感召下，陈大同、尹志尧、赵立新、陈南翔等大批海外学子纷纷回国创业，报效祖国。他们基本是恢复高考后的一批(1977—1988级)学生，在国外继续学习、在大公司工作，积攒了深厚的集成电路产业技术和市场运作的知识和经验。

如同新中国成立初期黄昆、谢希德等最早一批海外学子回国投身中国半导体事业的情形，第二次海归潮是振兴我国集成电路产业的一次海归潮。这些"海归军团"与国内培养的高端人才配合起来，共同组成一支以集成电路设计为龙头，涵盖集成电路制造、封测、材料和装备的产业链。这一时期，在海内外人才的协同下，中国集成电路产业链的诸多空白开始得到填补，与国际先进水平的巨大差距在逐步缩小。

以前，我们连"脖子"都没有，无从谈起"卡脖子"。2018年，美国开始卡中国"脖子"，说明我们已有了"脖子"。那么，美国"卡脖子"卡的是什么？卡的是科学创新，实质上是"核心的领军人才"。

当前，国内外都处在科学与技术高度融合的时期。全球集成电路产业链已走过技术和资本的积累阶段，面临着科学发现和技术创新的问题,以集成电路产业链的材料问题为例,它属于物理层面的科学问题。而集成电路的设计师除了需要专业的背景,还要求有抽象思维的数学功底。竞争的核心是科学家和高端创新人才,我国需要科学家,需要尊重知识、尊重人才、尊重知识产权。

可喜的是,国家已下大力度推进人才培养、保护知识产权和注重科技创新。当前,国际产业环境日趋复杂,高科技人才的国际化培养已受到限制,芯片相关专业的中国学生去美国留学已受到制约。与此同时,我国集成电路事业的蓬勃发展,亟需更多的领军人才。自主培养高端集成电路人才,成为我国面临的一项新的历史重担。

本书讲述了我国过去30年,高校、产业界、地方政府和产业园区合力联动,通过两大研究生赛事——中国研究生电子设计竞赛(研电赛)、中国研究生创"芯"大赛(创"芯"大赛),探索出集"政、产、学、研、用"于一体的自主培养人才模式。

两大赛事贯穿整个研究生教育阶段,研究生从读研和做科研课题开始,学校就对其进行成体系的培训:研究生从参赛的替补队员、队员到主力队员,经过2～3次竞赛实战,从竞技、团队协作、表达能力、获奖后流片和商业转化的综合能力都得到大幅度提升。

同时,两大赛事坚持企业出题、现场设计和作品展示,把高校研究生教育的实践环节向企业延伸,也把企业对人才的需求提前反馈到研究生的教学环节,从而弥补产、学、研三者间存在的间隙。

两大赛事取得的成果得到教育部的高度认可,2014年两大赛事被纳入"中国研究生创新实践系列大赛";2020年,研电赛被明文写入《教育部国家发展改革委财政部关于加快新时代研究生教育改革发展的意见》(教研〔2020〕9号),业界称之为"国赛"。

近30年来,两大赛事孕育出一批又一批企业家、技术骨干、高校教授、研究机构技术负责人等,这些人才如同火种,又继续在自己的岗位上,传播着技术和科研创新的火苗……

当前,在国家的利好政策下,在"政、产、学、研、用"多方协同下,我国自主培养芯片高端人才之路正呈燎原之势!

最后，感谢促成此书的华为公司、兆易创新、华大九天、新思科技、清华海峡研究院、中国电子学会及中国学位与研究生教育学会，感谢王新霞、沈毅、何文丹、王娟、刘霆轩、张逸轩、杨洋，在撰写本书期间他们投入时间，协助整理大量素材、图片等资料。

由于时间仓促，书中如有不足之处，欢迎读者批评指正。

作 者

2024 年 3 月

目录

第1章 浮浮沉沉的中国芯 …………… 1

1.1 20世纪50年代,中国芯的开门红 ………… 1
1.2 "市场换技术"行不通,产业陷入踌躇期 ……… 6
1.3 2000年,18号文的召唤 …………… 11
1.4 需求导致芯片进口额超石油,建立完整产业链成燃眉之急 …………… 16
1.5 芯片"卡脖子"卡在科学创新,人才是关键因素 …… 18
附:中国半导体事业的开拓者们 …………… 20

第2章 "芯芯"之火,从清华大学点燃 …… 26

2.1 念念不忘,必有回响 …………… 26
    2.1.1 教育工作者的"执念" …………… 26
    2.1.2 1995年的那次谈话 …………… 32
2.2 清华和华为协同开启"学产"结合 …… 34
    2.2.1 笔试和现场设计结合,将"三公"坚持到底 …………… 36
    2.2.2 企业出题,"真刀真枪"解决实际问题 …… 37
    2.2.3 个人能力和团队协作双考验 …… 38
    2.2.4 全体总动员筹备赛事 …………… 38
    2.2.5 第一届研电赛出世,实现从"0"到"1"的突破 …………… 40

2.3 前七届研电赛的探索和升级 …………………… 44
  2.3.1 播撒的火种在第二届已开始闪亮 ………… 44
  2.3.2 考核涉及交叉学科，难度不断增大 ……… 47
  2.3.3 迎接港澳台高校，队伍数量不断增加 …… 49
  2.3.4 采用中英文出题，前沿学科纳入考核范围 …………………………………………… 53
  2.3.5 全国设立分赛区，参赛队伍迅速扩大 …… 54
  2.3.6 赛事背后的"消防队" ……………………… 58
小结：研电赛从无到有，不断发展壮大 …………………… 62

第3章 "芯"火传递，走向社会 …………………………… 64

3.1 走出清华，东南大学接过"火炬" …………………… 64
  3.1.1 增设"商业计划书专项赛"，强化商业思维 …………………………………………… 65
  3.1.2 1996—2012年，研电赛走过16个年头 …… 67

3.2 不断蜕变，从国赛到西部崛起 ……………………… 69
  3.2.1 研电赛升为国赛 …………………………… 69
  3.2.2 寻找"接班人" ……………………………… 69
  3.2.3 陕西把省赛、西北区赛、国赛融合，西部开始崛起 ………………………………… 72

3.3 走出"象牙塔"，"政、产、学、研、用"相结合 ……… 73
  3.3.1 走进杭州余杭，"政、产、学、研、用"迈出第一步 ………………………………………… 74
  3.3.2 上海组团招聘，将研电赛纳入落户加分项 …………………………………………… 75
  3.3.3 惠州、南京持续接力 ……………………… 79
  3.3.4 2017年设立"集成电路专业赛"，专门培养芯片人才 ……………………………………… 84
小结：研电赛成为我国研究生创新实践赛事"三最" …… 88

第 4 章　再出征，推进创"芯"大赛为国家培养芯片人才 …… 91

- 4.1　80 岁再出征，筹备创"芯"大赛 …… 92
- 4.2　"华为杯"首届中国研究生创"芯"大赛亮相 …… 94
- 4.3　创芯、选星、育芯 …… 96
  - 4.3.1　举办"集成电路产业高峰论坛"，倾听行业大咖"芯"声 …… 96
  - 4.3.2　提供 MPW 芯片免费流片机会，推进科研成果转化 …… 97
  - 4.3.3　组织获奖团队参观科技巨头，近距离了解产业 …… 98
  - 4.3.4　设置企业招聘专场，助力人才对接 …… 102
- 4.4　创"芯"大赛走近全国，深度赋能、产教融合 …… 103
  - 4.4.1　第二届，杭州主动请缨承办大赛 …… 103
  - 4.4.2　第三届，上海推出积分落户政策 …… 107
  - 4.4.3　第四届，走进北京 IC-PARK，北京市副市长助阵 …… 110
  - 4.4.4　第五届，浙江提供专项人才政策 …… 114
  - 4.4.5　巾帼不让须眉 …… 118
- 小结：坚持、坚守、坚信 …… 119

附录 1　中国研究生电子设计竞赛（研电赛） …… 123

附录 2　中国研究生电子设计竞赛发展历史 …… 165

附录 3　从"华为杯"中国研究生电子设计自动化竞赛到"华为杯"中国研究生创"芯"大赛 …… 189

第1章

浮浮沉沉的中国芯

1.1 20世纪50年代,中国芯的开门红

1904年,人类历史上第一只电子管在英国物理学家弗莱明(John Ambrose Fleming)的手下诞生,开启世界进入电子时代的大门。1946年,世界第一台电子管计算机在美国诞生,该机采用18 000只电子管,占地170平方米,重达30吨(算力还不及x86)。1947年,世界第一个晶体管在美国贝尔实验室发明出来,晶体管为之后集成电路的发展奠定了元器件基础,如图1.1所示。1958年,

世界上第一个晶体管

约翰·巴丁(John Bardeen)
威廉·肖克利(William Shockley)
沃尔特·布拉顿(Walter Brattain)

图1.1 世界上第一个晶体管及发明者

世界上第一块集成电路在美国诞生，如图 1.2 所示。1960 年初，世界上第一块用平面工艺制造出的实用化集成电路诞生，集成电路的发明为人类开创了微电子时代的新纪元，如图 1.3 所示。

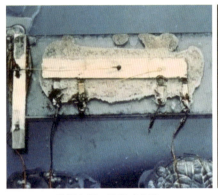 

世界上第一块集成电路　　　　　杰克·基尔比(Jack kilby)

图 1.2　世界上第一块集成电路及发明者

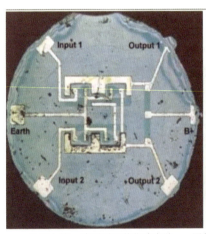 

世界上第一块平面工艺集成电路　　　罗伯特·诺伊斯(Robert Norton Nogce)

图 1.3　世界上第一块平面工艺集成电路及发明者

20 世纪 50 年代的中国大地，新中国成立后百废待兴，国家领导人号召旅居海外的科学家和留学生回国参与国家建设。在祖国的召唤下,王守武、黄昆、谢希德、林兰英等一批海外科学家相继回到祖国。

1950年,在美国普渡大学获得博士学位并留校任教的王守武带着妻女,搭乘轮船回到了祖国,在中国科学院应用物理研究所工作。

1951年,黄昆放弃可能获得诺贝尔物理学奖的机会,从英国回到祖国,把半导体介绍到国内来。黄昆在英国布里斯托大学求学,攻读当时刚刚形成学科的固体物理学博士学位。在国外期间,他先后提出"黄漫散射""黄方程""黄-佩卡尔",在国际物理领域享有盛名。

1952年,谢希德从美国回国,在上海复旦大学物理系和数学系从事基础教学工作。谢希德在美国史密斯学院攻读研究生,又进入麻省理工学院物理系攻读博士。获得博士学位后,她继续在麻省理工学院任博士后研究员,从事锗半导体微波特性的理论研究。

1956年,我国发出"向科学进军"的号召,根据国外发展电子器件的进程,提出了中国也要研究半导体科学,把半导体技术列为国家新技术。中国科学院应用物理所首先举办了"半导体器件短期培训班",请回国的半导体专家讲授半导体理论、晶体管制造技术和半导体线路,参加培训班的约100人,这个培训班被戏称为"中国半导体的黄浦军校"。

同年,北京大学、复旦大学、东北人民大学(今吉林大学)、南京大学和厦门大学五所高校联合在北京大学开办我国第一个半导体物理专业培训班。黄昆担任教研组主任,谢希德担任教研组副主任,短时间内就开设出了半导体物理、半导体器件、晶体管原理、半导体材料、固体物理、半导体专门化实验等系列课程。

1957年,五校联合的培训班培养出了我国第一批半导体专业毕业生,如图1.4所示,为我国半导体事业的发展奠定了基础。从这个培训班走出来的学生有:王阳元(中国科学院院士、北京大学教授)、许居衍(中国工程院院士、华晶集团原总工程师)、俞忠钰

(原电子工业部总工程师)和侯朝焕(中国工程院院士,科学院声学所所长)等,他们都在半导体领域成为了行业专家。

图 1.4　北京大学第一届半导体方向毕业生与黄昆合影(黄昆:前排左二)

1958年,我国半导体领域最早的一本专著《半导体物理学》问世,这部书是由黄昆与谢希德合著,成为当时我国半导体物理专业学生和研究人员必读的标准教材和参考书,如图1.5所示。

图 1.5　黄昆、谢希德合著的《半导体物理学》(图片来源:孔夫子旧书网)

从此,中国半导体教育的大门被打开。随后,清华大学等全国多所高校先后开设半导体专业。清华大学在这个阶段成立"无线电研究所",承担"1125工程",用晶体管研发国家航空管制的重大专项。此外,清华大学58级的无线电专业基础课已有晶体管放大电路、晶体管脉冲数字电路、半导体物理学……紧跟国内外的发展。

与此同时,半导体产业界也在紧锣密鼓的推进着科研突破。

1957年,王守武在北京电子管厂拉制出了国内第一根锗单晶(北京电子管厂是现在中国半导体显示面板龙头企业京东方的前身)。中国依靠自主技术研发,相继研制出锗的点接触二极管和三极管。

同年,林兰英从美国回到国内,在中国科学院物理研究所工作。林兰英在美国宾夕法尼亚大学先后获得物理学硕士、博士学位,成为该校建校215年来首位取得博士学位的中国人,也是该校第一位女博士。1955年,林兰英在博士毕业后进入企业,进行半导体材料研究,由于突出表现,一年多的时间里被提薪3次。不过,她放弃高薪,克服种种阻挠回到祖国。

1958年,在林兰英的带领下,我国拉制出第一根硅单晶,成为世界上第三个生产出硅单晶的国家。同年,王守武组织创立我国第一个晶体管工厂——中国科学院109厂,该厂为我国109乙型计算机提供锗晶体管材料。

1959年,林兰英创造性地拉制出了单晶硅,仅比美国晚5年。同年,从俄罗斯留学回国,参与清华大学半导体教研组的李志坚(中国科学院院士、清华大学微电子研究所所长),带领团队拉制出了高纯度多晶硅。

1960年,王守武推进筹办中科院半导体所,标志着中国半导体工业体系初步建成。

1961年,中国第一块锗集成电路研制出来,次年硅集成电路的研究工作开始推进。

1962年,天津拉制出化合物半导体砷化镓单晶(GaAs)。同年,我国研究制成硅外延工艺,并开始研究照相制版和光刻工艺。

1963年,河北省半导体研究所制成硅平面型晶体管,工艺改进后研制出硅外延平面型晶体管。

1965年,中国第一块硅集成电路诞生。1966年,中国已经制成了自己的小规模集成电路。紧接着,晶体管收音机、晶体管计算机相继诞生。

20世纪60年代中后期,我国相继在半导体材料、高性能的晶体管和半导体(晶体管)产品上取得突破,这些半导体产品不仅满足了国内经济和人民生活的需求,也开始占领国际市场。与此同时,本来早于我国研发晶体管的苏联,放慢了对晶体管及其产品的研发(他们从宇航抗辐射出发,转而研发指型电子管。指型电子管是一种小拇指大小的电子管),因此在半导体领域我们追赶的目标就仅剩下美国了,我国在半导体领域不断追赶,和国际水平的差距越来越小。

中国半导体的起步,在第一批留学回国的产业前辈的引领下,实现了开门红,可谓是群星闪耀的良好开局。

1.2 "市场换技术"行不通,产业陷入踟蹰期

20世纪60—70年代,国内10年封闭,半导体产业发展被踩了急刹车,与国际半导体的距离逐步拉开。

从技术层面的差距来看,当时国内还处在硅平面工艺,而且只有北京和长三角地区的极少数企业能生产,如北京市878厂、科学院109厂、上海华虹和无锡华晶等,并且还停留在中、小规模电路集成阶段。而这十年间,国外已经发展到MOS工艺,尤其是支持超大规模集成电路的CMOS工艺,已经远远拉开了还只是以硅平面工艺为主的国内集成电路制造业。

1977年,王守武指出,全国共有600多家半导体生产工厂,其一年生产的集成电路总量,只等于日本一家大型工厂月产量的1/10。

1986年3月3日,王大珩、王淦昌、杨嘉墀、陈芳允四位科学家向国家提出要跟进世界先进水平,发展中国高技术的建议,如图1.6所示。后来,中共中央、国务院批准了《国家高技术研究发

展计划纲要》,该计划又称"863"计划。

图 1.6 "863"计划倡议人

20世纪80年代,我国开始向国外开放市场,"以市场换技术"的确使企业实现了技术的更新换代,但市场换来的技术没有"知识产权",中国半导体产业再次受到冲击。

以当前"卡脖子"的光刻机为例,中国光刻机的研发起初紧追世界步伐。

1965年,中国科学院研制出65型接触式光刻机。1970年,中国科学院开始研制计算机辅助光刻掩模工艺。1972年,武汉无线电元件三厂编写《光刻掩模版的制造》。上世纪70年代末,我国成功研发GK-3型半自动光刻机和GK-4型光刻机,把加工圆片直径从50mm提高到75mm。1980年,清华大学研制第四代分步式投影光刻机获得成功,光刻精度达到3μm,接近国际主流水平。

1985年,机电部45所研制出采用436nm G线光源的光刻机,通过电子部技术鉴定,认为达到美国4800DSW的水平。

美国是在1978年达到这个技术水平的,相比之下,中国还处在紧紧追赶的状态。而那时,光刻机巨头——荷兰半导体公司阿斯麦(ASML)才成立一年(该公司在1984年成立)。

再以当前卡脖子的集成电路设计的电子设计自动化(EDA)为例,20世纪80年代,当时欧美在EDA软件上限制对中国出口。为了摆脱受制于人的局面,1986年前后,国家动员全国17个单位,共200多名专家、教授、在校学生聚集北京集成电路设计中心,开发EDA系统。1993年,我国自主研发的EDA熊猫系统问世。"熊猫系统"价格仅为同类产品的1/10,美国芯片厂商也一度选择"熊猫系统",在市场中引起较大反响。到1997年,国内已经安装140套"熊猫系统",它也拥有来自美国、日本和欧洲国家的国外用户,EDA在实用化、商品化上迈出一大步,这是中国EDA举国科技攻关的重大成果。因我国成功开发出熊猫系统,美国对中国EDA系统的禁令也随之解除。

然而,"市场换技术"出现后,国外厂商蜂拥而至。此后,国内EDA及光刻机等技术研发和应用陷入低谷,行业发展几乎停滞不前,造成巨大断档。

与此同时,国内开始积极向国外引进购买半导体设备和技术,以为"有设备就能生产",20世纪70年代一些企业从日本、美国引进了大量二手、淘汰设备建立了30多条生产线,由于缺乏芯片技术和设计能力及运营管理能力,最后这些生产线未能发挥价值。20世纪80年代改革开放后,受到来自市场的猛烈冲击,加上"拨改贷"转型,国内半导体企业技术研发升级的路径几乎被断绝了,大部分半导体企业出现持续亏损,陆续倒闭。

钱学森曾经这样感慨道:"60年代,我们全力投入'两弹一星',我们得到很多;70年代我们没有搞半导体,我们为此失去很多。"

能搞出两弹一星,为何搞不好芯片?

一个原因是我们对芯片的发展规律认识不到位。两弹一星的关键是从无到有,只要能做出来,实现从"0"到"1"的突破,那么两弹一星就意味着成功了。然而,芯片的关键是面向市场的产业化,市场上的竞争需要产品在技术上不断地进行升级迭代,进而在产业应用中不断突破创新,即不仅从"0"到"1",还需要从"1"到"10"、从"10"到"100"不断推进。

另一个重要原因是我们把产业发展的重心放在了芯片制造上。市场遵循"物以稀为贵"的原则,"稀"可以是"稀少"(薄弱),也可以是"稀缺"(空白)。改革开放前后近二十年,我国主要解决"稀少",在数量上满足市场需求,习惯于以"制造"的思维和优势去满足市场需求,直到 20 世纪末,也没有认识到我国集成电路产业的发展应该把"稀缺"放在"稀少"之上,光是用"大会战"的方式引进技术(生产线),解决不了自主研发集成电路满足市场需求的问题。

解决集成电路产品"稀缺"的途径,不是"制造",而是"创造"。美国半导体正是在个人计算机这一新兴业态出现后得以快速发展的。个人计算机为芯片产业的发展提供了无限广阔的市场空间,并带动着芯片的设计、制造、封测、设备、材料等产业链各个环节的发展。个人计算机推动美国半导体产业开始进入黄金发展期,先后涌现出诸多明星企业,如英特尔、AMD、英伟达等。

在中国芯片业踟蹰的 70—90 年代,全球半导体产业的重心从晶体管制造向芯片研发转变,并沿着摩尔定律高速发展。从技术工艺来看,1987—1997 年,十年间制程迭代从 $3\mu m$、$1.5\mu m$、$1.2\mu m$、$1.0\mu m$、$0.8\mu m$、$0.6\mu m$、$0.5\mu m$、$0.3\mu m$ 到 $0.25\mu m$,1999 年推出 $0.18\mu m$。这都是以光刻技术能够突破为前提的。

半导体技术推进的同时,全球的产业格局也在逐步演变。

先看美国,1965 年,摩尔定律在美国诞生。1971 年,英特尔推出 DRAM 动态存储器,标志着大规模集成电路的诞生。1973 年,第一款商业个人电脑 Micral 问世,这款电脑基于英特尔 8008 微处理器设计。1976 年,苹果公司推出了首款电脑产品。个人电脑这一新兴产品,带动了美国半导体产业的快速发展。20 世纪 70—80 年代,美国半导体产业进入高速发展阶段,并成为全球半导体产业的霸主。

日本半导体的发展源于美国的有意扶持。美国为了对抗苏联,在 1962 年向日本开放当时最为先进的集成电路技术,日本

NEC公司获得技术授权,日本政府推动NEC又将技术开放给了三菱、京都电气等企业。由此,日本半导体产业雏形形成。20世纪70年代,日本政府牵头成立VLSI联合研发体,推动"超大规模集成电路计划",这是国家层面的半导体发展计划;日本政府将产业界、高校和研究机构的人才汇聚在一起,共同进行先进技术的研发创新,通过4年的时间,共获得1000多项专利,一些技术还领先了美国。20世纪80年代,日本芯片在全球的市场占有率达到53%,超过了美国的37%,在全球十大半导体厂商中,日本企业独占六席,日本成为了当时全球半导体产业的霸主。

为了夺回霸主地位,20世纪90年代,美国半导体产业对日本半导体产业发起进攻,通过知识产权保护、反倾销、反垄断等一系列措施,用微处理器的个人电脑技术将以半导体存储器为主的日本集成电路的强劲势头打压下来,美国半导体产业回到霸主地位。

韩国和中国台湾地区的半导体发展,与美国有意识平衡日本半导体的发展势头有关。韩国半导体产业起步于20世纪60—70年代,主要以美、日半导体厂商投资的组装产业为主,利用廉价劳动力加工的模式;通过这种方式,韩国陆续从美国和日本获得半导体产业所需技术。20世纪80年代,韩国政府推出国家级扶持半导体产业的十年规划,加大对半导体产业的投入,这个阶段的韩国半导体产业开始进入飞速发展期。20世纪90年代,韩国凭借三星、海力士两大支柱企业,在存储市场的份额超过日本,不仅稳居全球存储器产业的霸主位置,也成为全球半导体版图上的重要一极。

中国台湾地区的半导体,起步于20世纪70年代。1973年,中国台湾地区成立工业技术研究院(以下简称"工研院"),工研院是开创台湾地区半导体产业的先锋。台湾地区引入美国半导体技术,并安排工程师赴美进行半导体相关的培训。1977年,工研院建立台湾地区首座4英寸晶圆的集成电路示范工厂。80年代,台湾地区半导体产业进入起飞阶段,相继成立联华电子(简称"联电")和台湾积体电路(简称"台积电")、台湾光罩、世界先进等半导体企业。台湾地区半导体关键性人物张忠谋从美国回到台湾地区，先后担任台湾工研院的院长、联电的董事长，并于 1987 年创办台积电。至今，台湾地区拥有全球半导体制造龙头台积电、半导体封测龙头日月光，同时也有芯片设计巨头联发科、联咏、瑞昱等。在半导体制造环节，台湾地区的产业地位无人能撼动。

回顾这个阶段，我们曾经追赶的美国，与我们的差距越来越大；比我们落后和起步晚的日本、韩国也远远地超越了我们，中国台湾地区的半导体技术比大陆发展得快。这个时期的中国大陆半导体产业，只留下一声叹息。

1.3 2000 年，18 号文的召唤

2000 年，在半导体产业人士、政府多方的协同下，中国半导体产业再次迎来生机。

1996 年，四位半导体爱国华人虞华年博士、胡定华博士、杨雄哲博士、杨丁元博士，联名给中国国家领导人写信，提议我国一定要发展半导体产业。国家领导非常支持，并作了批示。同年，电子工业部（工业和信息化部前身）派代表去美国参观，参观团对美国先进的半导体技术极为震惊。年底，电子部举办了一场电子论坛，张汝京代表美国 TI 公司参加，王阳元院士在会上结识张汝京，并向张汝京发出邀请"你回来帮忙吧……"

1997 年，张汝京回到中国大陆筹办中芯国际。2000 年 4 月，中芯国际诞生，成为中国大陆第一个纯晶圆制造企业。怀揣着发展中国半导体产业的热忱及对张汝京的追随，400 多位半导体产业精英从美国、日本、新加坡、中国台湾等世界各地奔赴中芯国际。中芯国际自筹资金，改变以往中国半导体企业的国有生产经营模式，引入市场机制，为半导体企业赢得了一个开放自由的市场竞争环境。

两个月后，2000 年 6 月，国务院发布了《鼓励软件产业和集成电路产业发展的若干政策》（国发〔2000〕18 号），业界称之为"18 号文"，如图 1.7 所示。18 号文的颁布拉开了中国半导体产业发展的新篇章。

图 1.7　国务院印发 18 号文（来源：中华人民共和国中央人民政府网站）

在 18 号文颁布后，海外学子感受到国家对集成电路产业的重视，看到了中国集成电路产业的机遇，他们加快了回国的步伐。

1977—1987 年，国内培养的学子，在国外学习、工作、生活近 10 年，积攒了深厚的集成电路产业技术和市场运作的知识和经验，纷纷回国创业。

2001 年，清华大学毕业生陈大同等人从美国回来，如图 1.8 所示。陈大同在上海创办展讯通信（简称"展讯"），展讯后来不仅成就了中国手机市场，还开发出全球首颗 TD-SCDMA（中国 3G 标准）核心芯片，成为我国手机通信芯片的领军企业。回国前，陈大同等人在美国创办的豪威科技，在美国成功上市。陈大同回国后，豪威科技的子公司在上海成立。

2002 年，陈南翔从硅谷回国，如图 1.9 所示。陈南翔加入华润微电子有限公司（简称华润微），决意打造中国 IDM 模式的企业，担任董事副总经理，负责国际合作、战略规划、投资并购等。加入华润微之前，他先后工作于北京大学微电子学研究所、德国弗劳恩霍夫协会集成电路技术研究所、德国马普协会微结构物理研究所、美国加州硅谷 Supertex 公司。

图 1.8　在硅谷创业成功后又回国创业的陈大同　　图 1.9　积攒经验后回国打造中国 IDM 模式企业的陈南翔

2003 年,赵立新回国在上海创立格科微电子,如图 1.10 所示。赵立新本科被保送清华大学,硕士毕业后在新加坡一家企业从事刻蚀工艺;后去美国 ESS 公司从事图像传感器的研究,之后又加入 UT 斯达康从事芯片设计。在积攒了设计和工艺的经验后,赵立新只身一人回国创业。格科微当前不仅上市成功,而且其 CMOS 图像传感器芯片在国内市场占有率排名第一,并在全球市场占有率排名第二。

2004 年,尹志尧回国建立国内首个半导体设备刻蚀机企业——中微半导体设备(上海)股份有限公司(以下简称中微),如图 1.11 所示。尹志尧大学就读于中国科学技术大学物理系,又在北京大学攻读化学硕士;硕士毕业后,前往美国加利福尼亚大学洛杉矶分校攻读博士;博士毕业后,在硅谷 Intel 公司、LAM 研究所、应用材料公司从事电浆蚀刻工作 16 年。他在 LAM 研究所供职期间,仅花费 5 年的时间,便带领公司成为全球最大的刻蚀机巨头;在应用材料时,助力其成为全球第一大刻蚀机公司,并成为公司副总裁。然而,2004 年他辞职回国创业,创办中微半导体设备公司。当前,中微不仅成功上市,其产品已打入国际代工龙头台积电的生产线。

图 1.10　在国外积攒丰富经验后回国创业的赵立新

图 1.11　在国外学习并事业有成之后回国创业的尹志尧

2005 年,朱一明回国创业,如图 1.12 所示。他创立的兆易创新科技集团股份有限公司(以下简称兆易创新),是国内第一家存储芯片企业,填补了国内在存储领域的空白。朱一明在清华大学取得本科学位后,前往美国纽约州立大学石溪分校攻读硕士,毕业后先后就职于 iPolicy Networks 公司和 Monolithic System 公司,在这两家公司分别担任资深工程师和项目主管。2005 年,朱一明放弃了外企开出的年薪百万的续约合同回到祖国,同年在北京创办兆易创新。基于自己在存储芯片领域积累的经验和科研成果,他带领兆易创新发展成为一家全球领先的存储器技术、MCU 和传感器解决方案的供应商。兆易创新上市之后,朱一明又进军 DRAM 领域,担任长鑫存储的董事长,为我国在海外巨头垄断的 DRAM 市场闯出一片天地。

在这期间,还有通信企业锐迪科、内存接口芯片公司澜起科技、材料企业安集科技等相继成立。

这些企业成为 2000 年前后中国半导体产业再次奋力前行的

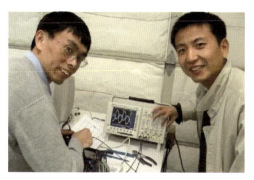

图 1.12　在国外完成学业并积攒工作经验后回国创业的朱一明

主力军。据资料显示,2000—2005 年,中国的 8 英寸、12 英寸晶圆厂(晶圆片制造厂)投资额超过 140 亿美元,芯片设计公司数量从不足 100 家突破到 500 多家。

这个阶段的中国半导体产业发展,不仅依靠这些知识分子的热情,也离不开国家既有担当又有敏锐度的领导干部,江上舟就是其中的代表之一,如图 1.13 所示。从清华大学雷达专业毕业后,江上舟前往瑞士攻读博士,1997 年调入上海,主导上海的工业发展。他意识到集成电路工业是中国非干不可的工业,他把电子信息产品列入上海工业 26 项重点产品发展规划之首,在上海浦东规划出面积 3 倍于台湾新竹工业园区的张江微电子开发区,并联合海外专家一起写信给中央领导,以求国家推出相应的政策支持。"18 号文"的颁布,背后也有他的一份努力。他引进了中芯国际、展讯、格科微、中微等 2000 年之后国内最早的一批半导体企业,这些公司相继落户上海,使上海成为世界一流的集成电路产业基地,为中国半导体产业的扎根发展打下牢固根基。

从这个阶段可以看出,我国要变成一个创造性的大国,就要拥有大量自主知识产权的核心产品,而背后的关键在于人才。过去,由于中国工业化水平不够,国内有规模的半导体企业非常少,学生在毕业后只能去国外继续深造学习、积攒工作经验。随着我国基础工业逐步发展,"18 号文"将电子设计这个龙头产业抓在手上,

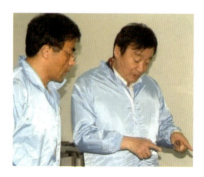

图 1.13 江上舟

吸引了大量半导体设计人才回国创业。这些回国的海外军团与国内培养的高端人才配合起来,共同组成一支以电子设计为核心的新的产业群。

1.4 需求导致芯片进口额超石油,建立完整产业链成燃眉之急

2013年,我国芯片进口额首次突破2000亿美元,达到2322亿美元,远远超过石油的进口额,甚至超过了农产品、铁矿、铜、铜矿、医药品进口额的总和,成为国内进口产品第一的大宗类商品。当这一数据公布后,引起业内一片哗然。

芯片进口额不断飙升的主要原因是电子信息产业旺盛的市场需求。

一是国内彩电、空调、冰箱等家电产品的需求不断增加。根据工业和信息化部发布的《2013年电子信息产业统计公报》显示,2013年我国电子信息产业销售收入总规模达到12.4万亿元,同比增长12.7%;其中,2013年家电产业规模已突破1.3万亿元,同比增长18.8%。

二是华为、小米、OPPO、vivo等国产手机品牌企业的崛起使手机对芯片需求不断上涨。据市场研究机构IDC数据显示,2013年全球手机出货量达到18亿部,同比增长7.3%。其中,我国手

机产量达到 14.6 亿部,增长 23.2%,占全球出货量的 81.1%。

三是汽车产业规模不断扩大,对芯片的需求开始增多。据中国汽车工业协会统计,2013 年我国全年累计生产汽车 2211.68 万辆,同比增长 14.76%;销售汽车 2198.41 万辆,同比增长 13.87%,产销量世界第一。

与此同时,芯片进口额超过石油的另一个主要原因是,国内集成电路产业未形成完整的产业链,国内芯片行业的水平与国际芯片先进水平差距较大,无法充分地满足本土旺盛的电子信息产业的市场需求。虽然我国占据了全球一半以上的半导体消费市场,但集成电路产业自给率严重不足,高端芯片几乎都要进口。

为此,建立完整的集成电路产业链,成为燃眉之急。

芯片进口额超过石油的第二年,2014 年 6 月,《国家集成电路产业发展推进纲要》推出,如图 1.14 所示。同年 9 月 24 日,"集成电路产业投资基金"(业内称之为"大基金")正式设立,基金总额为 1200 亿元。

图 1.14　国务院印发《国家集成电路产业发展推进纲要》
　　　　（来源：中国政府网）

大基金改变以往国家直接补贴企业的形式,投资工作重心从"投资前"向"投前投后并重"转变,发挥国家对集成电路产业发展的引导和支持作用。大基金还与国家科技重大专项共同投资并参与子基金的设立,例如在北京、上海、湖北等地设立地方基金。此外,大基金还带动了社会融资。

1.5 芯片"卡脖子"卡在科学创新,人才是关键因素

2018年4月16日,美国商务部发布公告,美国政府在未来7年内禁止中兴通讯向美国企业购买敏感产品。2018年5月,中兴通讯公告称,受拒绝令影响,公司主要经营活动已无法进行。2018年6月7日,美国商务部长表示,只要中兴再缴纳10亿美元罚金,并改组董事会,即可解除相关禁令。

美国的制裁直接导致中兴的业务陷入瘫痪。

一年后,2019年5月16日,美国政府将华为列为禁运名单,明确美国企业未经批准不得与华为合作。随后,谷歌及美国多家芯片企业陆续断供芯片等电子产品,华为手机无法在部分国家正常使用。2020年5月15日,美国对华为的制裁升级,使用美国技术的全球厂商不经美国许可,不能为华为提供芯片设计和生产,这直接导致台积电、三星,甚至是国内的中芯国际都无法给华为公司提供先进制程的芯片,华为的麒麟芯片无处生产,华为高端手机不得不中止销售。

中兴事件和华为事件如一声惊雷,上至决策者,下至老百姓,都知道了芯片是什么、芯片的重要性、知道了中国芯片的处境;更让企业感受到了受制于人的痛处。

2019年6月13日,科创板正式开板,如图1.15所示。过去20年,中国半导体产业基本是靠政府财源支持。科创板的问世意味着政府可以通过市场机制来推进半导体产业的发展。科创板如同一个出海口,让中国半导体产业有了一个正向的循环。

大基金一期、二期与科创板的联动,吸引更多风险投资,社会资本进入中国半导体产业。曾经极其"寂寞"的半导体产业迎来了

图 1.15　科创板正式开板

资本风口。

国产替代成为国内半导体产业界的共识。下游终端企业开始推进国产替代,能用国产芯片就不用国外芯片,完全扭转了不利的局面。同时,全国各地掀起中国半导体产业的发展热潮,半导体创业项目也如雨后春笋般地涌现。

如何使中国芯具有持久的创新力?

回顾集成电路 60 余年来的技术演进,早期主要是技术的使然,不断推进工艺尺寸缩小,促成集成度和性能的提升;后来,芯片工艺从 $0.35\mu m$(1987 年)发展到 7nm(2019 年),更多是在半导体学科的技术中的突破。2004 年,林本坚开发 DUV 浸润式光刻技术,芯片工艺得以推进至 32nm。2015 年,胡正明提出 FinFET 的新型器件,芯片工艺进一步推进至 16nm。2017 年,台积电开始使用 EUV 光刻机,进行 7nm 制程开发。2020 年,2nm 工艺改用全新的多桥通道场效电晶体(MBCFET)架构,台积电的 2nm 工艺取得重大突破。同时,三维(3D)的 Chiplet 小芯片技术和 SIP 系统级封装技术,也在时空多维度上验证了摩尔定律。

走过技术阶段、资本积累阶段之后,半导体产业接下来面临的问题主要是基础科学的问题。例如,半导体产业开始探讨材料问题,材料则属于物理科学层面的问题。

美国卡中国脖子卡的是什么?卡的是科学创新,实质是核心人才之争。

当前,国内外都处在科学与技术高度融合的阶段。在这个阶段,最核心的是科学家、高端人才。当下,中国更需要科学家,需要尊重知识、尊重人才、尊重人才的劳动(知识产权)。

附:中国半导体事业的开拓者

黄昆　固体物理、半导体物理学家。1955年被选聘为中国科学院学部委员(院士),1980年当选为瑞典皇家科学院外籍院士,1985年当选为第三世界科学院院士。曾任北京大学教授,中国科学院半导体研究所研究员、所长、名誉所长,中国物理学会理事长等。主要从事固体物理理论、半导体物理学等方面的研究,是中国半导体物理学研究的开创者之一(图1.16)。

图1.16　中国半导体开拓者 黄昆

黄昆从燕京大学物理系毕业后,考取了西南联合大学理论物理系的研究生,成为"中国物理学之父"吴大猷的高徒,他的同班同学还有杨振宁、张守廉等。杨振宁曾在获得诺贝尔物理学奖后说,自己的研究方法,就是与黄昆同住一个宿舍时争论出来的。

1945年,黄昆考取留英公费生,赴英国布里斯托大学求学,师从理论物理学家、后来荣获诺贝尔物理学奖的莫特教授,攻读当时刚刚形成学科的固体物理学博士学位。1947年,黄昆提出了固体中杂质缺陷导致 X 光漫射的理论,该理论被国际上命名为"黄漫散射",使其在国际物理学领域初露锋芒。后来,黄昆与物理学家佩卡尔提出"黄-佩卡尔理论"。1951年,黄昆提出"黄方程"理论。

其间,黄昆受量子力学奠基人之一、诺贝尔物理学奖获得者马克斯·玻恩邀请,写作书籍《晶格动力学理论》,玻恩在写给爱因斯坦一封信中说:"书稿的内容完全超越了我的理论,我能懂得年轻的黄昆以我们两人名义所写的东西就很满足了。"

1951年,怀着振兴中华、报效祖国的殷切心情,放弃可能获得诺贝尔物理学奖的机会,黄昆回到祖国,把半导体介绍到国内来。

从国内首次开设半导体课程、首次出版半导体书籍、首次开办半导体人才培训班等,再到后来担任中国科学院半导体研究所所长,推动我国半导体事业的起死回生,黄昆推动和见证了中国半导体事业的从无到有。

杨振宁这样评价黄昆:"今天中国从事半导体的人都是黄昆的徒子徒孙,甚至是徒孙的徒孙。"

谢希德 中国科学院院士、复旦大学原校长、我国半导体物理学的开拓者之一、我国表面物理学的先驱者和奠基人之一,新中国高校第一位女校长(图 1.17)。

图 1.17 中国半导体开拓者 谢希德

1947年，谢希德从厦门大学毕业后前往美国留学，在史密斯学院攻读硕士学位。1949年，正在美国读书的谢希德听到新中国诞生的喜讯后，自小在炮火和逃亡中长大的她觉得中国的曙光来临了，从那时起，她就立志要回国出一份力。1950年，朝鲜战争爆发，美国政府随后禁止留美的理工科中国学生回国。谢希德又继续在麻省理工学院攻读博士学位。1952年，谢希德从美国绕道英国回到祖国，到上海复旦大学从事物理系和数学系的基础教学工作。

1952—1956年，她从无到有，开设了固体物理学、量子力学等六门课程，且编写教材和讲义。1956年，她被国务院调到北京大学联合筹建的半导体专业组，并与黄昆创办五校联合的半导体培训班。同时，她与黄昆合编国内半导体最早的一本专著《半导体物理学》。

谢希德与黄昆联名建议在我国开展固体能谱研究等。完成培训班任务后，谢希德又回到复旦大学，建设半导体物理学科，还创办了中国科学院上海技术物理研究所。

1983年，62岁的谢希德担任复旦大学校长，成为新中国第一个女大学校长。她率先在国内打破综合大学只有文科、理科的"苏联模式"，增设技术科学学院、经济学院、管理学院等学院，将复旦大学变为一所拥有人文科学、社会科学、自然科学、技术科学和管理科学的综合性大学。

为了给国家培养更多储备人才，她亲自为学生出国写推荐信。20世纪80年代初，出国留学的复旦大学学者，大部分是由谢希德送出去的。

林兰英 中国半导体材料科学的奠基人，中国科学院院士，中国科学院半导体研究所研究员、副所长、博士生导师。主要从事半导体材料制备及物理的研究；在锗单晶、硅单晶、砷化镓单晶和高纯锑化铟单晶的制备及性质等研究方面获得成果（图1.18）。

图 1.18　中国半导体开拓者 林兰英

1949 年,林兰英进入宾夕法尼亚大学研究生院学习固体物理,取得硕士学位后继续攻读博士学位。1955 年,林兰英获得博士学位,成为该校建校 215 年来首位取得博士学位的中国人,也是该校第一位女博士。博士毕业后,她进入一家公司进行半导体材料研究,由于突出表现,一年多的时间里被提薪 3 次。

美国一直在压制中国的成长,更是全方位阻止中国科学兴国的道路。像林兰英这样的高科技人才美国自然不会让其回国。1957 年,她以母亲重病为由,暂时申请回国探亲,却遭到了来自美方的各种阻挠,先是回国所需的各项材料办理手续被无故拖延;后来登船安检时对其进行长达 1 小时的"违禁物搜查",并没收了她 6800 美元的全部积蓄,试图让她知难而退。这些阻挠并没有阻止林兰英回国的步伐。

几经波折回到祖国后,林兰英在中国科学院物理研究所工作。仅仅过去半年,林兰英带领的团队就制造出了我国第一根锗单晶。次年,她研究出我国第一台开门式硅单晶炉,并拉制出我国第一根硅单晶。

我国的第一颗原子弹能在 60 年代成功问世,这背后,林兰英的研究成果功不可没。林兰英将中国半导体的发展带上快速轨道,先后研究出锑化铟、砷化镓、磷化镓等新材料,为中国半导体事业的发展做出巨大贡献。

王守武 微电子学家、半导体器件物理学家、中国科学院院士。组织筹建了中国第一个半导体研究室和全国半导体测试中心,创建了中国科学院半导体研究所和微电子研究所。他带领科研团队研制出一系列我国半导体的"第一":成功研制我国第一只晶体管、我国第一只砷化镓半导体激光器,以及 4 千位、16 千位的 DRAM 大规模集成电路,推动我国半导体产业从无到有,由弱变强(图 1.19)。

图 1.19　中国半导体开拓者 王守武

新中国一成立,刚刚在美国普渡大学获得博士学位并留校任教的王守武就带着妻女,通过印度大使馆办理了难民证,以"难民"身份乘船经香港回国。

回国初期,王守武在中国科学院应用物理研究所工作。1956年,在周总理主持下,我国制定《1956—1967 年科学技术发展远景规划》,王守武是远景规划中半导体科学技术发展规划制定小组的副组长。

1956 年 11 月,我国第一只锗合金结晶体三极管在半导体研究室诞生。自 1963 年起,王守武先后领导并参与了我国第一台半导体激光器的研制,从事半导体激光器的连续激射、半导体负阻激光器及激光应用的研究工作。

王守武亲自动手,设计出了国内第一台单晶炉,又带领团队拉制出了国内第一根锗单晶,使锗单晶能完全靠中国人自己的力量制造出来。

1958年,王守武创建了我国最早的一家生产晶体管的工厂——中国科学院109厂,从事锗高频晶体管的批量生产。1960年,王守武受命筹建中国科学院半导体研究所,并担任副所长,负责全所的科研业务管理和开拓分支学科等工作,由此开始了拓宽我国半导体科研领域和分支学科的新历程。1962年,美国用砷化镓半导体材料制成了第一台激光器,王守武组织力量展开探索,于1963年组建了半导体激光器研究室,并领导中国第一台半导体激光器的研制。

十年之后的1978年,王守武承担了研制大规模集成电路——4000位MOS随机存储器的工作。一个月后,大规模集成电路样品的成品率提高到了40%,是当时国内大规模集成电路研制中的最高水平。

王守武在1950年回国后的30余年间,相继发表了十余篇对激光器研究的学术论文,其代表论著有《半导体的电子生伏打效应的理论》《关于PN合金结中少数载流子的注射理论》《用触针下分布电阻的光电电导衰退来测量半导体中少数载流子的寿命》等。

第2章

芯芯之火,从清华大学点燃

2.1 念念不忘,必有回响

2.1.1 教育工作者的"执念"

1958年,周祖成考入清华大学。"自强不息,厚德载物"的校训促使他凡事力争上游。那时,清华大学的本科学制为六年,除了大一课程的成绩有一个4分之外(满分5分),周祖成的其他所有课程的成绩都为5分。他毕业设计时完成了国内首个晶体管高速计数器的研制,该成果还参加了1965年的高教展览。

在毕业时,周祖成一心想着"到祖国最需要的地方",便申请到酒泉卫星基地工作,而系里的副主任陆老师则推荐他留校。从此,他的一生开始与清华大学的讲台、实验室、学生结缘。

清华大学是全国各地状元云集的学校,周祖成老师思索着"作为清华大学的一名老师,应该传承些什么?"在教学中,他不断体会到:"教学也是科研,清华(大学)是研究型的大学,老师不能单纯地讲几门课,一定要以科研为主。"

"文革"期间,清华大学无线电系搬到四川绵阳。为了将此前荒废的时间补回来,周祖成老师一心扑在业务上。他在负责雷达终端组的科研工作的同时,还给工农兵大学生开设了数字电路与逻辑设计的课程。1974年,周祖成老师参与国家防空自动化工程的恢复工作,负责雷达头信号检测与数据处理的项目。1975年,他利用130计算机的中小规模集成电路和磁芯存储器,设计出雷达头的信号检测和数据处理设备。

在绵阳一待就是8年,1979年周祖成老师回京。他谈及,返回校本部后面临的是和外部世界近十年的差距,除了极少数教师去国外见过世面,系里90%以上的教师仍然沉浸在"国内领先"的故事中,一直到80年代中期。

38岁的周祖成老师意识到自己"人到中年、承上启下",更要加倍努力将工作做好。回京的第二年,他带领项目组完成的"513雷达加装CCD-MTI"项目,成为清华大学无线电系返京后最早鉴定的科研项目,并获当年国防部科学技术进步奖二等奖。返京第三年,他们的"雷达自动检测设备"项目获得电子工业部科技进步二等奖。1985年,周祖成老师带学生去南海岛屿,实现南海地区雷达情报的数字化联网,继而与其他师生团队在成都双流机场,完成民用航空管制雷达797加装雷达自动处理设备的联试,该项目获得电子工业部科技进步一等奖。

"科学的春天"召唤一批人走向国家"863"计划。由于在计算机、英语等方面有一定的基础,系里推荐周祖成老师参与国家863计划。当时,45岁的周祖成老师跨界进入一个全新的领域——集成电路设计的电子设计自动化(EDA)。

20世纪80年代,传统的电子设计方法面临着严峻的挑战,兴起的EDA工具为迎接这种挑战提供了一条途径。EDA工具将计算机辅助设计技术融入电子设计的全过程,用计算机承担大量的规则、重复、浩繁的设计工作,可以使设计人员把精力集中在实现产品设计的创造性劳动上。

要在一个全新的领域开创局面充满挑战,周祖成老师要过半导体工艺、计算机和英语三道"关"。关于"半导体工艺关",他一边学习相关资料,一边到半导体车间里,全程跟随工艺线做了一个晶体管,来体验半导体工艺。而"计算机关",他找到清华计算机系的两个老师,向一位老师请教计算机的硬件知识,向另一位老师请教软件知识。有段时间,他除了上课,其余时间就待在机房捣鼓机器。至于"英语关",他上大学时学的是俄语,45岁重新学习英语口语,难度可想而知。他下决心一定要拿下英语口语,听不懂的就硬听;有外商搞产品介绍会,他都会去听,借机会用英语和外商交谈,慢慢就可以开口说英文了。

接受厂商的正规培训也是一个重要的学习环节,经过多次培训,周祖成老师基本上入了门,他更加认识到了差距:"确实我们要学,要追,要拼!"

20世纪80年代我国开始向国外开放市场,"以市场换技术"的确使企业实现了技术的更新换代,但市场换来的技术没有知识产权。周祖成老师意识到,必须培养掌握知识产权的人才!

然而,在此期间由于教育工作的滞后,高校越来越不适应市场经济下企业对高层次人才的迫切需求的这种变化。周祖成老师提及:"客观地讲,在高速发展的经济面前,对科技的发展和需求,学校和教师都从曾经先知先觉不知不觉地变为后知后觉"。就算是清华大学这样的研究型大学,周祖成老师也发现学校对研究生创新思维和动手能力的培养不太乐观。研究生的教学实践训练太少,尤其是导师对研究生创新思维和动手能力的指导不足。

通过在教学中摸索总结,周祖成老师认为仅给学生传授知识还不够,更重要的是培养学生分析问题和解决问题的能力,即培养学生的创新意识和驾驭知识的本领。

一方面,从80年代初,周祖成老师每周召开一次研究生学术讨论会。后来学生不断增多,在实验室坐不下时,研讨会就在楼道的走廊上开。

另一方面,他将资料编写成讲义,一步步建立教材、课程和实验室,如图2.1所示。

周祖成老师在教学中推出集成电路与系统自动化设计方法学、ASIC design等相关课程。其中,英文书籍 *VHDL* 于1987年

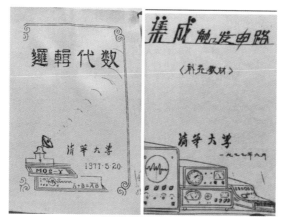

图 2.1　周祖成编写的讲义和教材

出版,电气与电子工程协会(IEEE)批准《VHDL-1987 版》作为正式的设计语言。1987—1988 年,他将英文原著译成讲课用的讲义,给清华大学电子系研究生开课。1992 年,他去美国接受 EDA 培训时,经学生介绍特意会见了这本书的作者道格拉斯,当道格拉斯得知自己的书被译为中文讲义在给学生学习时,十分欣然地授权给了周祖成老师中译本的版权,还应周祖成老师邀请为中译版写了前言,1994 年,中文版《电子设计硬件描述语言 VHDL》得以问世。

　　同时,周祖成老师为本科生和研究生开设了系列工学硕士精品课程,包括:专用集成电路及其计算机辅助设计、电子系统仿真和 VHDL、通信系统仿真和 ASIC 设计,这些课程都引入了课程设计,即学生有三分之一的时间需要在机房完成课程设计(上机项目有验证和优化等)。

　　周祖成老师的课程选课人数很多,除本校本系的本科、硕士和博士之外,还有校内其他院所的学生(如微电子研究所、工程物理系、精密仪器系……),也有校外的学生(北京大学、北京航空航天大学等高校)。本着"有教无类"的精神,只要教室坐得下,他都尽量说服教务员让学生进教室听课。为此,周祖成老师开设课程时是按 40 人选课安排教室的,后来讲课时便调整到 80 人的教室。

那些旁听过周祖成老师课程的清华其他系的学生及外校学生,工作多年后见到周祖成老师时都说,"周老师,我是你的学生",这其中就有华为的余承东。浙江大学的潘赟老师(清华大学电子工程系博士)在 2018 年见到周祖成老师时说,"周老师,我在浙大任职后,学校要求我开一门新课,因为有您在清华上课时的课件,我就在新课中用上了"。

除了讲义和课程之外,周祖成老师还推进了 EDA 实验室的建设,如图 2.2 所示。

图 2.2　学生在 EDA 实验室上机

1995 年,他在清华大学微波与数字通信国家重点实验室牵头下建立 EDA 实验室,在他的促成下,美国 EDA 企业新思科技(Synopsys)公司向清华大学捐赠 20 套总价值 500 万美元、当时最好的 EDA 综合工具。清华 EDA 实验室成为北京乃至全国配套最为先进的实验室。当时一位美国大学校长带团访问清华大学,在参观实验室时非常惊讶地发现,清华拥有的设备和软件这么先进,他们的学校都还没有。

EDA实验室的成立，让EDA工具第一次进入我国集成电路行业同行的视野，为国内的集成电路人打开了一扇面向国际前沿集成电路设计方法学的窗户。政府工业部门相继前来参观，希望清华大学为他们培训研究所和工厂的技术骨干。海尔的张瑞敏、TCL的李东生、华为基础部集成电路中心（海思的前身）主任叶青等企业代表前来观摩，华为还要了实验室的软、硬件的全套清单（这些软、硬件的设计条件被海思继承），还有些企业（海尔，TCL）希望清华大学可以介绍骨干为其建立IC设计中心。此外，来自中科院和其他院校前来参观EDA实验室的专家学者也络绎不绝。

在周祖成老师的推进下，后来Mentor、Cadence、SUN公司、IBM、惠普、安捷伦等国际科技巨头先后都与清华大学建立了合作关系，并为实验室捐赠先进技术和设备。这种合作思路，陆续开启了很多企业与清华大学的合作。清华大学东主楼十区西外墙的16块校企合作的牌子，几乎有一半都是周祖成老师促成的。

他深刻体会到，这种校企的合作模式可以打破壁垒，跨越象牙塔的围墙，使在科研工作一线的研究生受益匪浅，研究生用这些先进的设备，在实验室做实实在在的集成电路产品设计，比仅仅听课、考个分数印象要深刻得多。同时，校企合作也促进了高校与企业的共同发展，形成了良好、开放的产教融合的生态环境。

EDA实验室通过国家"863项目人才培养计划"和"211工程"，争取到"系统集成和微电子"的学科项目和"专用集成电路（ASIC）与电子系统集成"的教学设计中心项目，建立了相应的人才培养环境。

然而，周祖成老师认为，国内极少数高校（如清华大学、北京大学、复旦大学等）具备这样的条件，多数高校并没有这样的条件，而仅靠几所高校培养集成电路所需的人才是远远不够的。

为此，周祖成老师编译了大量的工具软件的讲义，出版了《专用集成电路（ASIC）和集成系统（SOC）自动化设计方法》（1997年）、《SystemC 片上系统设计》（2004 年）、《数字电路与系统教学实验教程》（2010 年）等专著，以加快高素质的集成电路设计人才的培养。

此外，一方面，周祖成老师推动校内的教学资源向社会开放，为其他高校代培师资，给企业与研究所办"培训班"；同时，还安排高校的老师进修上机做课程设计（如厦门大学的黄联芬老师、西南科技大学的姚远程老师等）。另一方面，周祖成老师推动 EDA 实验室和电子工业部一所（赛迪的前身）合作，在《国际电子报》上开设"EDA 讲座"，从 1994/09/05—1995/05/08 历时近 9 个月，每周一个版面向电子相关产业和院系的从业人员普及和介绍 EDA。

播撒的火苗在悄悄地酝酿着，一位沈阳理工学院的老师 2018 年见到周祖成老师时说道："周老师，我是看你在 1994 年《国际电子报》的文章进入 EDA 专业的，看到清华又有了 AI Compiler 的 EDA 工具……"

对周祖成老师而言，这些还远远不够。集成电路是一门实践性非常强的学科，高校培养的人才和企业需求的人才之间存在较大差距。"如何能让更多的高校老师和研究生有机会接触最新的 EDA 设计环境，把清华大学的 EDA 平台变成国内高校研究生交流的平台，以便更好地为国家培养人才"这个问题一直萦绕在周祖成老师的脑海中。

2.1.2　1995 年的那次谈话

1995 年，在石家庄评审中国电子科技集团公司第五十四研究所的一个引进项目时，周祖成老师和华为公司的副总郑宝用（也是清华校友）闲谈时，郑宝用提出华为公司想在清华大学设立奖学金，一方面是为了回馈社会，另一方面也是支持人才的培养。

那时的华为，刚开始步入发展轨道，年营收 15 亿元。

周祖成老师和郑宝用说："现在通信行业在清华设立奖学金的很多是行业中的大公司，如摩托罗拉、诺基亚等，其他如香港的李嘉诚奖学金、邵逸夫奖学金等,名气大,数额也多,你们设立奖学金恐怕影响不大。"

郑宝用提及:"我也是从高校教师的岗位出来加盟华为的,华为公司还是想为人才培养尽一份力量。"

郑宝用的这份初衷与他的经历不无关系。任正非在华为的工号是 001,郑宝用是 002。他出生在福建长乐的一个农村家庭,以高考状元的成绩考入华中科技大学,本硕读完后留在华中科技大学当了老师,开始教书育人、培养人才;后来又考入清华大学读博士学位,在博士即将毕业前夕,1989 年被任正非挖到华为,作为华为的总工程师,负责华为产品和市场战略发展规划。郑宝用主持了华为好几代程控交换机的设计与开发,为华为立下了汗马功劳。

从农村走出来,通过努力考上大学改变命运;做过老师,教书育人;又到初创企业开疆扩土,更需选人、用人。这些经历让郑宝用对人才的培养格外重视。

周祖成老师明白郑宝用的心意,于是建议道:"郑总可不可以支持一个研究生层次的集成电路设计 EDA 工具的电子竞赛,促进高校高层创新型人才的培养。"

听到这个建议,郑宝用非常赞同,两人一拍即合。于是,华为出钱,周祖成老师出力(清华大学来组织赛事),用清华大学 EDA 实验室的设备条件筹办首届中国研究生电子设计竞赛(简称"研电赛"),如图 2.3 所示。

由于全国性竞赛按国家社团管理的规定,需要有一个一级的专业学会参与,周祖成老师和清华大学研工部部长严继昌专程去中国电子学会,找到当年中国电子学会的沙踪副秘书长汇报,沙秘书长当即表示中国电子学会将和清华大学共同发起首届中国研究生电子设计竞赛。

就这样,大赛前期筹办工作万事俱备。

图 2.3　华为赞助、清华大学组织,共同筹办首届研电赛

2.2　清华和华为协同开启"学产"结合

随着集成电路制造工艺相对成熟,集成电路产业逐渐演化为设计、制造、封装和测试四个协调发展的产业结构。20 世纪末,集成电路产业开创以知识产权为核心的创新时期,这标志着集成电路产业的竞争已经走过技术、资本阶段,进入智能竞争的高级阶段,并把集成电路设计业推到了产业龙头的位置。集成电路设计业的发展,不仅推动了 EDA 电子设计自动化工具、设计方法的进步及复合型设计人才的培养,同时,集成电路设计业本身也开始需要更多有创新精神和开拓能力的人才。

90年代,电子设计自动化工具已经贯穿了整个电子设计过程,成为了电子产品开发不可缺少的重要手段。发达国家的电子产品设计几乎都使用 EDA 工具。当时有人预计到 20 世纪末,电子产品设计使用 EDA 工具的比例可能会高达 80%。

我国的 EDA 工具,起步于 80 年代后期,到 90 年代已经有了近 10 年的发展。当时,推动 EDA 工具的应用、提高 EDA 应用水平、培养 EDA 人才已成为当务之急。

在这个背景和宗旨下,清华大学和华为联合举办首届中国研究生电子设计竞赛,旨在通过竞赛,激励跨世纪的青年学子积极主动地掌握尖端的科学技术,并在广大研究生中推广和普及 EDA 工具的应用,带动整个国家电子设计应用水平的提高,如图 2.4 所示。

图 2.4　第一届研电赛参赛手册

同时，研电赛推动高等院校及科研院所对信息与电子类研究生培养模式的改革与创新，培养研究生的实践创新意识和基本能力、团队协作的人文精神和理论联系实际的学风，促进研究生工程实践素质的培养，为人才脱颖而出创造条件。

2.2.1 笔试和现场设计结合，将"三公"坚持到底

研电赛坚持采用笔试和现场设计相结合的方式，有多个层面的考量：从考核学生的角度而言，笔试的目的是在考核学生的集成电路设计方面的基础理论知识。现场设计则采用封闭式上机设计的考核方式，目的是考验学生的动手能力和实践能力。

笔试和现场设计均需学生在现场进行，笔试3个小时、上机考试5小时，整场考试共8个小时。上机考试期间，学生只能在上厕所时出去，且有工作人员陪同，午餐从外面送进去。而这些规定则吸取了其他赛事的教训（非现场比赛出现过参赛设计作品并非参赛本人所做的情况）。

同时，试题评阅的标准尽可能量化精准。命题和评审委员会成员有学会代表、研究所的研究员、企业高管、高校教师。担任首届研电赛的命题和评审委员会主任的是中国科学院院士、中国声学学会秘书长、中国科学院声学研究所副所长侯朝焕，担任副主任委员的是周孟奇（中国电子学会副秘书长），委员有王正华（华大集成电路设计中心总工程师、研究员）、刘启武（华为公司中央研究部副总裁）、刘伟平（华大集成电路设计中心副总经理）、盛世敏（北京大学微电子所研究员）、吉利久（北京大学微电子所教授）、朱亚江（中国科学院微电子中心设计研究室主任）、洪继光（中国科学院自动化所CAD中心主任）和徐文伟（华为公司中央研究部副总裁）。

此外，为保证大赛的公平公正，特意邀请中国知识产权研究会副会长、中国人民大学研究生院副院长刘春田担任竞赛监督委员会主任。所有参赛项目及论文涉及知识产权内容都会受到相关法律法规的保护。参赛成员可以事先向组委会申请加入研电赛的知识产权库，从而获得技术推广和成果转让的优先机会。对于弄虚作假、侵犯他人知识产权的参赛成员，除了受从研电赛除名的处罚

之外,4 年之内不得再次组队参加研电赛。

命题和评审委员会主任委员在竞赛期间宣布结果,并由相关的公正方对竞赛结果予以公正。

2.2.2 企业出题,"真刀真枪"解决实际问题

笔试题由学校教师出,目的是考查学生的基础知识。笔试的出题范围包括 EDA 的设计全过程,即从 VHDL 语言设计开始,直到完成版图设计和验证,如图 2.5 所示。

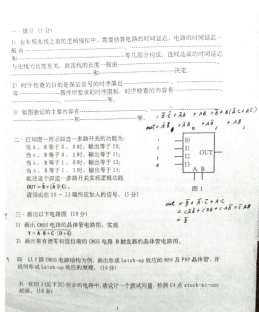

图 2.5 第一届研电赛的笔试题,主要考查学生的专业知识

现场上机的考题则由企业来出,原因是企业更了解产业实际的发展情况和需求,企业出题能够引导学生和带队老师对产业一线的需求更加了解。上机操作竞赛题包括算法分析、VHDL 输入

或原理图输入、结构设计、逻辑设计、综合优化、电路设计、时序仿真。参赛成员最后写出详细的设计报告和文档,在竞赛情况登记表上登记离开工作站的交卷时间。

笔试分数占 30%,上机操作分数占 70%,大赛对学生的实践动手能力非常重视。

大赛强调设计一个完整的电子系统,在这个过程中,首先,要选准目标,用专业语言(VHDL 和 VerilogHDL)描述出来;其次,通过仿真验证设计描述的正确性;最后,通过优化得出最佳(或速度最快,或面积最小)的设计,并映射到工艺库。前端有从设计规范和算法到结构映射的约束,后端有 EDA 工具对工艺布局和布图的自动化引导,学生只有使用专业工具把这些都串起来,才能够做出能通过自动测试和封装的集成电路。

2.2.3 个人能力和团队协作双考验

参加研电赛需要以队为单位,每队 4 人,包括 1 名领队老师、3 名研究生队员(博士生也可参赛)。对学生而言,领队老师能够指导学生进行赛前培训和准备,帮助学生强化和巩固专业技能,并在赛事期间对团队有一个带领和组织的作用。对领队老师而言,这种形式也是一种很好的锻炼和提升,领队老师能够以大赛为契机,了解和思考集成电路的人才该如何培养,科技创新该如何推进。

参赛成员的笔试以个人为单位参赛,参赛过程中不允许与队内外讨论,个人笔试成绩在评审个人奖中起作用。

团体总分中的笔试成绩,由参赛的三名队员的个人成绩平均得出,上机成绩是三名队员共同努力获得,以期鼓励队员在电子系统设计中发挥团队协作精神。

周祖成老师指出,从人才选拔角度来看,研电赛的目的就是"掐尖",选拔国家优秀的集成电路设计的领军人才,同时推进优秀人才的培养。

2.2.4 全体总动员筹备赛事

筹办研电赛,可谓全体总动员。

研电赛组委会主任委员由中国电子学会副秘书长沙踪担任，常务副主任由清华大学研究生院副院长龚克(曾任清华大学副校长)担任。四位副主任委员分别是：周孟奇(中国电子学会副秘书长)、郑宝用(华为常务副总裁)、王芹生(中国华大集成电路设计中心总裁、研究员)和高德远(西北工业大学副校长)。委员有：尤肖虎(东南大学系主任)、刘昌孝(电子科技大学研究生部副主任)、江蕙(清华大学电子工程系副主任)、宋俊德(北京邮电大学研究生院院长)、杜敏(西安交通大学电子信息学院微机教研室主任)、严继昌(清华大学党委研究生工作部部长)、吴振一(清华大学研究生院副教授)、周祖成(清华大学微波与通信国家重点实验室CAD中心主任)、夏宇闻(北京航空航天大学副教授)、常青(国防科技大学副教授)、董云廷(杭州电子工业学院副院长)、蓝鸿翔(复旦大学教研室主任)。秘书长是清华大学研究生院办公室副主任吴剑平，如图 2.6 所示。

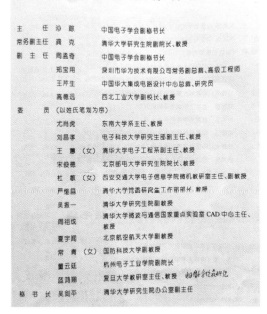

图 2.6　首届研电赛组织委员会名单

竞赛组委会秘书组则由周祖成老师担任秘书长,副秘书长有杨瑞东(清华大学研究生院教师)、朱航(清华大学华实科技服务中心主任)、王涛(清华大学研究生会副主席)。

在研电赛前期筹备工作阶段,组委会一方面广泛联系北京、上海、杭州、南京及其他城市的参赛学校,尽可能扩大竞赛规模;另一方面邀请有关专家及权威人士参与命题和评审,如图 2.7 所示。

图 2.7 参加研电赛命题和评审的院士

此外,组委会还筹备赛前在参赛学校进行 EDA 竞赛的宣传,以及赛后新闻媒体对竞赛的获奖宣传工作。

在赛前两个月,后勤组委会将会务和食宿工作全部落实。

2.2.5 第一届研电赛出世,实现从"0"到"1"的突破

1. 10 所高校齐聚清华

1996 年 8 月 21 日,"华为杯"全国高校研究生电子设计竞赛在清华大学拉开了帷幕。

10 所参赛的高校组成 13 支队伍,每支队伍由一名领队老师带队。参赛队伍分别来自:清华大学、北京航空航天大学、北京邮电大学、电子科技大学、东南大学、复旦大学、国防科技大学、杭州电子工业学院、西安交通大学、西北工业大学。

领队老师有：魏少军（清华大学一队）、王志华（清华大学二队）、肖平（复旦大学）、张平（北京邮电大学一队和二队）、夏宇闻（北京航空航天大学）、何旭（电子科技大学）、尤肖虎（东南大学）、常青（国防科技大学）、程军（西安交通大学）、俞朝辉（杭州电子工业学院）、张盛兵（西北工业大学一队）、樊晓桠（西北工业大学二队），如图 2.8 所示。

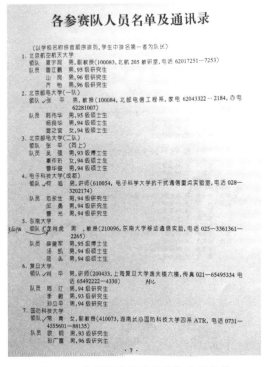

图 2.8 首届研电赛的参赛队人员名单

8 月 21 日到 23 日，各参赛队伍熟悉竞赛环境，了解试操作清华大学 CAD 中心的设备、工具。24 日各参赛队伍统一报到，25 日举办竞赛开幕式。

26 日上午进行统一笔试，时间为 3 个小时。27 日进行上机考试，时间为 8 个小时。不过，第一次竞赛上机时间参赛学生花了

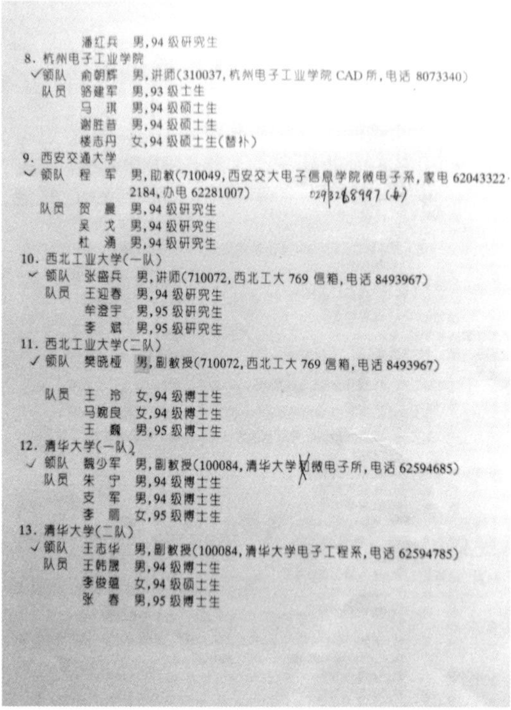

潘红兵　男，94 级研究生
8. 杭州电子工业学院
✓领队　俞朝辉　男，讲师(310037，杭州电子工业学院 CAD 所，电话 8073340)
队员　骆建军　男，93 级士生
马　琪　男，94 级硕士生
谢胜普　男，94 级硕士生
楼志丹　女，94 级硕士生(替补)
9. 西安交通大学
✓领队　程　军　男，助教(710049，西安交大电子信息学院微电子系，家电 62043322·2184，办电 62281007)　0293268997(办)
队员　贺　晨　男，94 级研究生
吴　戈　男，94 级研究生
杜　涌　男，94 级研究生
10. 西北工业大学(一队)
✓领队　张盛兵　男，讲师(710072，西北工大 769 信箱，电话 8493967)
队员　王迎春　男，94 级研究生
牟澄宇　男，95 级研究生
李　斌　男，95 级研究生
11. 西北工业大学(二队)
✓领队　樊晓桠　男，副教授(710072，西北工大 769 信箱，电话 8493967)
队员　王　玲　女，94 级博士生
马婉良　女，94 级博士生
王　巍　男，95 级博士生
12. 清华大学(一队)
✓领队　魏少军　男，副教授(100084，清华大学[illegible]微电子所，电话 62594685)
队员　朱　宁　男，94 级博士生
支　军　男，94 级博士生
李　丽　女，95 级博士生
13. 清华大学(二队)
✓领队　王志华　男，副教授(100084，清华大学电子工程系，电话 62594785)
队员　王韩晟　男，94 级博士生
李俊缊　女，94 级硕士生
张　春　男，95 级博士生

图 2.8　(续)

12 个小时，学生们上午 8 点进机房，到晚上 8 点才肯离开。8 月 28 日组织参赛学生赴华大集成电路设计中心参观(华大是国内 EDA 产业实践的先锋)。

经过比赛、评审，最终第一届研电赛的个人第一名是复旦大学的周汀同学，如图 2.9 所示，团体第一名也是复旦大学队。

对于研电赛赛事的结果，周祖成老师比较满意。“之前担心上机设计是在清华大学 CAD 中心的 EDA 平台上进行的，清华的学生对这个平台环境相对要熟悉一些，外校的学生总要花点时间适应。要做到赛事绝对的公平、公正、公开是很难的，这就要处处注意。”

本届大赛的前十名参赛成员全部被华为公司录用。华大集团

图 2.9　第一届研电赛个人第一名，复旦大学周汀

的王芹生总裁当即表示，华大集团也要承办一次研电赛。

2. 研电赛实现了从"0"到"1"的突破

1996年的"华为杯"第一届研电赛是清华大学、中国电子学会、华为公司和"863"高技术共同运作的产物。研电赛实现了从"0"到"1"的突破。

研电赛以社会赞助的形式推进，组委会欢迎关心赛事的企业和个人以多种形式赞助竞赛。赞助单位和个人除了享有荣誉之外，还可以参加应届组委会和竞赛委员会的工作。在竞赛过程中和竞赛结束后，优先获得技术转让的谈判权利。

周祖成老师指出："研电赛改变了高校培养人才的思路，以企业为主要推动力，企业资金支持、企业现场出设计题目、企业参与评审、企业为优秀参赛者提供创业就业机会，大家在培养高端集成电路人才上取得了共识。"

周祖成老师前前后后对研电赛进行策划、筹备、组织，他的努力得到了大家的一致肯定和好评，为此研电赛给予了他"发起人"的称谓。对此，周祖成老师说道："赛事的从无到有，并不能说明我个人的灵感有多强、智商有多高，只能说明一个人的努力本身就是一种天份，努力能使你达到你智商所不及的高度，如果没有一大群人的支持，这个事做不起来。"

我们这一代人是承上启下的。做EDA，是兴趣使然入了门，进入这一行,真正做一点事情,确实有一定的使命驱使。"我们这一代人有这种使命,想把这个行业做起来。"周祖成老师谈道。

2.3 前七届研电赛的探索和升级

2.3.1 播撒的火种在第二届已开始闪亮

研电赛在前期是两年举办一届。

1998年,"华大杯"第二届研电赛在清华大学拉开帷幕。本届研电赛应华大集团董事长王芹生(研电赛副主任委员)要求,由北京华大公司承办。协办的企业单位有华为公司、清华同方、新思科技,如图2.10所示。

图2.10 第二届"华大杯"研电赛参赛手册

相比第一届，第二届研电赛的参赛队伍翻了一番，共有17个参赛单位、26支参赛队伍，加上领队老师，参赛人数超100人。

17个参赛单位分别为：清华大学、北京大学、北京航空航天大学、北京理工大学、电子科技大学、复旦大学、国防科技大学、哈尔滨工业大学、华中理工大学、四川联合大学、天津大学、武汉大学、西安电子科技大学、西北工业大学、中国科学院声学所、中国科学院微电子中心、中国科学院电子所。

值得一提的是，研电赛正在悄然地薪火相传。首届研电赛个人第一名得主复旦大学的周汀，因在研电赛上的优异表现，工作后很快被提拔为副教授，并成为第二届研电赛复旦大学一队和二队的领队老师。

从参赛队员到领队老师，周汀转变的不只是竞赛角色，这更是一种薪火相传，不仅能够将他在研电赛的参赛经验传授给新一批的参赛队员，还能将一种精神、品质、信念传递国家新一代优秀人才。

此外，第二届研电赛竞赛命题评审委员会主任由倪光南院士（中国工程院院士、联想集团原总工程师）担任。曾任中央政治局常务委员和电子工业部部长，现任电子学会理事长的胡启立同志到会，如图2.11所示。

第二届研电赛团体奖冠军仍由复旦大学队获得，清华大学一队获团体一等奖（亚军）。

此外，华大集团在赛事期间，对清华大学电子工程系1998级入学的4名新生提供每人每年3000元的助学金，共资助4年至他们大学毕业，并诚聘他们为华大集团的"荣誉员工"，提供到公司参观、实习的机会，如图2.12所示。

企业把人才需求投射到学生培养的实践环节，对企业而言，这不仅用助学活动彰显了企业的社会责任，还有助于企业在优秀人才选拔上提前"锁定"，并为他们提供实践的机会，更有效地助力人才的成长；对学生而言，不仅增添了学生对研电赛的兴趣，提高其参赛积极性，也使学生对企业、产业提前有了接触、认知和互动，使

图 2.11　胡启立同志为冠军队颁发"华大杯"和获奖纪念证书

备忘录

为了支援 98 年录取清华大学电子工程系的灾区学生顺利地完成大学期间的学习,为了帮助清华大学电子工程系内经济特别困难学生的学习生活,中国集成电路设计中心经研究决定在清华大学电子工程系进行对口支援。

中国集成电路设计中心和清华大学电子工程系商定,选清华大学电子工程系 98 级(一年级)同学刘付娥、尹晓东、林胜和吴肇瑜四名同学进行资助,并希望:

1)对这四名同学资助四年,每人每年资助三千元人民币.

2)接纳刘付娥、尹晓东、林胜和吴肇瑜四名同学为中国集成电路设计中心的"荣誉员工".

3)欢迎他们在假期到中国集成电路设计中心勤工助学.

4)希望他们毕业时考虑加盟中国集成电路设计中心.

清华大学电子工程系对中国集成电路设计中心的此举措表示赞赏,这是社会有识之士对教育的支持.我们将教育学生,学成之后更好地回报社会。

清华大学电子工程系
1998/10/12

中国集成电路设计中心
1998/10/12

附　表

专业	姓名	性别	家庭所在地	入学总分	外语分级
通信与电子系统	刘付娥	女	山东胶南理务关乡	900	2
光电子	尹晓东	男	内蒙古扎兰屯	613	1
通信与电子系统	林胜	男	辽宁沈阳	661	1
微电子	吴肇瑜	男	江西进贤	保送	1

注:有几个省将归一化的最高分定为 900 分

图 2.12　华大公司助学备忘录

学生的理论和实践更有效地结合起来。

2.3.2 考核涉及交叉学科,难度不断增大

1996年,四位半导体爱国华人虞华年博士、胡定华博士、杨雄哲博士、杨丁元博士,联名给国家领导写了一封信,提议大陆一定要发展集成电路产业。2000年4月,中芯国际诞生,成为中国大陆第一个纯晶圆制造的企业。2000年6月,国务院发布《鼓励软件产业和集成电路产业发展的若干政策》(18号文),18号文的颁布,揭开了中国半导体产业发展的新篇章,此后展讯、中微半导体、格科微、兆易创新、锐迪科等一批半导体设计企业相继成立。

在这个时期,周祖成老师意识到,推动我国电子设计行业向世界水平发展,选拔并培养一大批本行业的人才,是一件刻不容缓的大事。研电赛希望优秀的人才不仅要掌握从顶层直至底层版图的设计,而且要能了解并把握行业最新的发展动向,还要具有创新精神,只有创新才能使本行业不断发展,以满足各行各业对电子产品的多种需求。

2000年,第三届研电赛正式开赛,如图2.13所示。第三届研电赛命题的广泛性和全面性都得到了强化,评审也不仅仅停留在现场设计题目的对错上,企业在出题时对针对性,以及设计的难度和广度均进行了加强。

本届笔试试题分为前端、后端和发展动向三大类,占分比例约为51%、42%和7%;试题类型相当广泛,有VHDL、Verilog、FPGA、CPLD、有限状态机、可测性us,以及建立测试平台、基于门的逻辑设计、CMOS应用的一些问题、模拟数学混合设计、数字信号处理DSP,甚至还有版图设计中的算法问题;最后又给出一个不太复杂但又得转几个弯的实际集成电路版图;发展动向问题则涉及无线移动通信,非对称传输,最新的文本、图像、视频、声音的加密方法,以及一个微电子紧密相关并取得巨大成功的微机械及生物芯片。

虽然笔试试题比以往难度增大,但在3个小时的考试时间内,参赛学生仍然取得了较为理想的成绩。

图 2.13　第三届研电赛开幕式和主讲嘉宾

周祖成老师提及:"原来命题和评审委员会担心的试题难度加大较多导致成绩普遍不佳、强弱不能辨别的情况没有出现,这说明我国在电子设计领域已确实取得了较快的进步,大家非常欣慰。"

为了加强对这个社会需求较多、且跨多个行业的新学科的发展,研电赛命题和评审委员会建议,在高校中的计算机、微电子、机械等系抽出一些教师,共同培养社会需要的专业人才,呼吁加强对这类设计竞赛的领导,由专人负责组织专家编制竞赛的命题大纲等。

在企业命题方面,2000 年第三届研电赛,华大集团出了和身份证 IC 卡相关的设计题,华大集团出题的黄国勇博士在评判设计报告时,对清华大学的博士生孙雪俊所在团队提交的设计赞不绝口。因此，孙雪俊成为第三届研电赛的个人第一名。

后来，孙雪俊所在的清华大学微电子学研究所承担了我国第二代居民身份证芯片和模块的技术研发。

与手机、电脑中的芯片相比，居民身份证中的芯片需要的技术并非特别难，困难在于居民身份证使用的地域广度和时间长度上。我国第二代居民身份证项目负责人之一、清华大学微电子学研究所副所长王志华曾指出，居民身份证通行全国，有人生活在海南岛的几十度高温下，有人工作在漠河的零下几十度低温中，芯片必须承受得住温度的巨大变化；从时间长度来说，有人天天使用身份证，有人十几年，甚至几十年都没有使用过一次。因此，居民身份证的耐久性和可靠性非常重要。

居民身份证的芯片为RFID芯片，无法复制，且高度防伪，基本杜绝了身份证伪造现象。2004年，我国开始推广第二代居民身份证。与第一代居民身份证相比，采用RFID芯片的第二代居民身份证可以机读，可以与读取身份证的机具进行相互认证，并进行安全性确认，这些为我国实现现代化人口信息管理提供了有力支撑。

2.3.3 迎接港澳台高校，队伍数量不断增加

研电赛从内地（大陆）的高校开启，并逐步向香港、澳门和台湾地区的高校送去橄榄枝。

第四届研电赛有29个参赛单位、47支参赛队伍，由深圳清华大学研究院承办，受到深圳市政府的大力支持，如图2.14所示，台湾新竹清华大学也组团前来观摩。台湾亚东技术学报名参加第五届研电赛，首次参赛便获得了本届竞赛友谊奖，其领队老师发言说道，两岸联手起来，一起培养人才，一起技术创新；并表达了希望两岸进一步加强交流与合作的良好愿望。

清华大学龚克副校长在致辞中称赞了参赛学生的优异表现，并指出："众多的参赛队实质上只有一支队，那就是'我们都是中国队'，我们未来要面临的是全球竞争，希望研究生们再接再厉，刻苦拼搏，希望'中国队'能在世界舞台上取得好成绩。"

图 2.14 第四届研电赛参观赛场

第五届研电赛的规模比第四届多一倍,来自全国 42 所高校和科研院所的 213 名研究生组成 71 支参赛队伍参加了第五届研电赛,如图 2.15 所示。

在"Altera 杯"第五届研电赛举办时正好清华大学的信息大厦落成,"国家信息科学实验室"落户清华大学,Altera 公司大学计划部经理徐平波正在中国高校推进 100 个联合实验室计划,也在清华大学电子工程系的教学实验室中投放了 50 套"口袋里的实验室"的装置,该装置可供学生通过网络随时随地接入 Altera 编程环境,完成一个类似手机的移动通信的实验。Altera 提供了冠名赞助的资金,清华同方赞助了竞赛赛场的计算机、服务器和局域网的环境。

图 2.15　第五届研电赛上机考试

在第五届研电赛闭幕式上,曾任教育部学位管理与研究生教育司司长李军发表讲话,肯定了研电赛取得的成绩,建议继"数学建模"之后,将研电赛也列入教育部的"系列赛事",如图 2.16 所示。

王阳元院士也在第五届研电赛闭幕式上强调了培养和选拔集成电路高端人才的重要性,指出改革开放以来,教育部门培养的人才基本上满足了改革开放的需求,但高端人才依旧欠缺,尤其是领军人物奇缺。为此,王阳元院士对集成电路人才的培养支招,一是微电子专业培养;二是支持电子设计工程师跨界进入集成电路设计业;三是引进高端集成电路领军的海外归国人才,如图 2.17 所示。

研电赛组委会更加坚定继续把研电赛办下去的决心,并认为研电赛需要随着世界技术的变化发展进行必要的创新和改进,让大赛更贴近实践,更发挥人才选拔与培养的功能,为推动中国

图 2.16 曾任教育部学位管理与研究生教育司司长李军在第五届研电赛闭幕式上作出指示

图 2.17 王阳元院士在第五届研电赛闭幕式上做报告

EDA 技术的发展、应用水平和培养 EDA 设计专业人才做出更大贡献。

第六届研电赛的参赛单位拓展到了中国港澳台地区及环亚太地区,共 52 个参赛单位、87 支参赛队伍,师生共计 350 多位,研电赛正逐步成为全球华人乃至世界集成电路人才培养领域的一次盛会。第六届研电赛笔试和上机考试的情景如图 2.18 所示。

图 2.18　第六届研电赛笔试和上机考试

2.3.4　采用中英文出题,前沿学科纳入考核范围

为了与国际接轨,研电赛在第六届开始采用中英文双语出题。本届竞赛的命题,无论是笔试还是上机考试,均体现了基础性、知识性和新颖性的原则。

从第七届研电赛开始,竞赛主办单位和竞赛组委会决定扩大竞赛学科范围,除了 EDA 综合评价考核之外,还把信息通信学科、计算机系统结构和系统集成(包括嵌入式 SoC 和操作系统)、机电一体化、人工智能、图像识别和多媒体设计纳入竞赛范围,与时俱进,不断地将科技最前沿、社会需求最强的学科纳入竞赛范围,从而把研电赛办成一个代表世界一流科技水平、表现我国研究生科技学术顶尖实力的平台。

第七届研电赛采用笔试、展示和答辩的形式,去掉了使用

EDA工具的集成电路和电子系统的现场设计,这个改变使更多的高校研究生能参加研电赛。笔试以考查参赛队员个人的知识水平为主,内容涉及电子(电路与系统)、信息(获取、处理、传输、存储和显示等)、光机电一体化和相关的物理机理。展示和答辩的目标是评审参赛队伍整体的素质,主要针对参赛作品的介绍和演示提问,评定参赛队伍的作品水准、临场发挥和团体协作能力。竞赛命题主要围绕信息与电子系统设计自动化的理论、算法和方法学,考查参赛队员应用计算机辅助设计工具和设计语言,进行系统级别或电路级别的集成电路和可编程逻辑器件的基本专业设计能力。

2.3.5 全国设立分赛区,参赛队伍迅速扩大

在第六届研电赛期间,哈尔滨工业大学的杨春玲老师提出"分赛区"的建议。如果研电赛是两级赛事,就能够释放主办高校的接待压力,更多高校就可以参与主办分区赛,更多教师便可以参与进来,共同培育集成电路设计人才。

从第七届开始,研电赛由单一赛制改为两级赛,分为初赛和决赛。在全国设立多个分赛区,包括:东北、西北、西南、华北、华东(后分出上海)、中南(后分为华南和华中)等分赛区。

在竞赛规模迅速增大的情况下,为了坚持研电赛的"公平、公正、公开"的原则,研电赛秘书处协调各分赛区的报名、入校宣讲、分赛竞赛与评审,并按实际报名人数分配各分赛区参加决赛的人数比例;与此同时,组委会也为第七届研电赛聘请了众多的命题和评审专家,如图2.19所示。"这为研电赛的发展创造了条件,也为承办决赛的学校松了绑!"周祖成老师说道。

2010年,"Altera杯"第七届研电赛的参赛队伍迅速扩展,共有80个参赛单位、285支参赛队伍,参赛人数近千人,与上一届相比,参赛单位数量、参赛队伍规模、参赛人数均实现了大跨越。图2.20为第七届研电赛现场展示。

与此同时,本届研电赛,周祖成老师提出"创意、创新和创业"的主题。"创意"就是立意新奇、前所未有,俗称"高招、奇招、鬼点

图 2.19　组委会聘请的命题和评审专家

子";"创新"是指技术上的"一技之长",甚至是"绝无仅有的一技之绝";"创业"是"卖点"和产业化的前景。

研电赛提出的"三创"来自长期从事科研和研究生教学工作的清华大学教研类型的教师的实践体会。周祖成老师指出,研究生的教育和大学生的教育不同。大学生教育侧重专业素质教育;而研究生更应该在导师的指导下,提高其在专业领域的创新思维和能力。本届研电赛设立创意、创新和创业的主题,就是要为研究生的创新技术成果找到"卖点",培养研究生的商业嗅觉、表达力、和资本运作的综合能力,使其能在未来的竞争中大展拳脚。

第七届研电赛决赛仍在清华大学举办,不过在筹办期间,清华大学承办已感到"压力巨大"。时任清华大学汪劲松副校长对周祖成老师说,按赛事的规模,正好清华紫荆留学生公寓刚建成(暂时还未投入使用),队员们还有地方住下。不过,以后学校就没有这

图 2.20 第七届研电赛现场展示

种接待能力了。

决赛阶段,参赛队员和各院校教师参观了清华大学电子工程系的教学实验区和华为公司的北京研究院,进一步促进学界和产业界的交流,如图 2.21 所示。全国人大教育教学文化卫生委员会(时任)副主任吴基传参加了第七届研电赛的闭幕式并作出了重要指示;清华大学邱勇副校长参会致词和颁奖,如图 2.22、图 2.23 所示。

在第七届研电赛举办期间,Altera 全国大学教师会议也在隆重召开,清华大学电子工程系系主任(现任清华大学校长)王希勤做了电子工程系课程改革的介绍,经过几年的梳理,他把电子工程系的专业和专业基础课程整合成"电子信息科学知识体系",今后电子工程系的本科生学完清华大学数理基础课程后,只要修满清华大学电子工程系"电子信息科学知识体系"中的十门专业课(原来无线电电子学系的本科生要学近 30 门课),就完成了电子工程

图 2.21　参观清华大学电子工程系教学实验室

图 2.22　第七届研电赛获奖队员颁奖现场

图 2.23　吴基传为第七届研电赛获奖队员颁奖

系本科的课程学习,可以去选清华大学其他科系的双学位课程,以拓宽知识面。

周祖成老师提及,这个课程改革的力度,让兄弟院校的教师们耳目一新。清华大学最难学的电子工程系本科生,一下子从繁重的专业和专业基础课程中解放出来了,以致于在后来在武汉举办的高校教学研讨会上,主办方应各高校的要求,特别邀请王希勤和黄栯东老师给各高校主管教学的负责人,重做了清华大学电子工程系教学改革的报告。

2.3.6　赛事背后的"消防队"

研电赛从第一届到第七届持续推进,但背后并不一帆风顺。研电赛背后有一支"消防队",作为研电赛的发起人、组委会的秘书长,周祖成老师俨然是"消防队队长"。

1. 一封突如其来的举报信

研电赛属于非营利性学术活动。组委会收取报名费和社会赞助主要用于竞赛的各项活动和赛事的正常举行。多余资金除了用于下届竞赛的准备工作之外,还要设立"研究生创新发展基金",这项基金主要用于资助优秀科研项目和我国中西部高等院校的研究生科研和教学。

在 2002 年第四届研电赛来临前,出现突发情况。开赛前十几天,原本赞助大赛的深圳市市政府突然通知取消对研电赛的赞助,原因是收到了举报信,信中称"研电赛是盈利性赛事"。在盈利已渐渐成为一种价值观的当时,有些人根本不相信还有公益性质的研电赛。

眼看大赛临近,大赛的相关通知都已经发出来。此时的周祖成老师非常焦急,不能让大赛就这样被中断了,他开始四处联络有可能帮上忙的朋友和单位。

深圳清华大学研究院冯冠平院长了解此事后,安慰道:"周老师别急,做公益的事,肯定大家都支持。"

正在筹建中的深圳清华大学研究院和深圳北京大学研究院,主动承担了接待参赛队员的任务,深圳清华大学研究院冯冠平院长担保:"我们提供选手的用餐和交通,竞赛经费院里兜底。"

华为公司知道这件事后决定给大赛赞助 20 万元;中兴通迅愿意提供赛场用的计算机工作站和服务器,并且赞助 10 万元;连刚刚起步的国微集团创始人黄学良也毫不犹豫赞助了 5 万元。

本来华为赞助大赛,大赛就应该冠名"华为杯",但华为公司的李征副总提议:"我们是深圳人,爱深圳(鹏城),就冠名'鹏城杯'吧!"竞赛期间华为邀请学生去华为新厂区参观,还组织参赛队员参观我国刚从乌克兰购买的"明斯克航母"。

在这些"救火队员"全力支持下,大赛临召开前一周,所有筹备事宜终于落实,周祖成老师悬着的心也终于可以放下来,长长舒了一口气。周祖成老师感叹道:"社会还是做公益的人多,研电赛育星、选星的共识深得人心。"

2020 年 8 月,第四届研电赛在既定时间拉开了帷幕。令人感动的是,长城集团在深南路两边的高楼垂下了写有"欢迎你,全国研电赛的健儿"的条幅，来庆祝研电赛的顺利召开。

29个研究生培养单位，47支参赛队伍来到鹏城深圳。参赛队员分别来自：北京交通大学、北京大学、北京航空航天大学、北京理工大学、北京科技大学、北京邮电大学、电子科技大学、东南大学、复旦大学、国防科技大学、桂林电子工业学院、哈尔滨工业大学、华南理工大学、暨南大学、南京航空航天大学、南京理工大学、南开大学、清华大学、四川大学、山东大学、上海大学、汕头大学、深圳清华大学研究院、武汉大学、西安交通大学、西北工业大学、厦门大学、中国科学院微电子中心、浙江大学。

此外，有些学校非常愿意参加研电赛，但由于学校没有实验条件，就以观摩单位的身份参加研电赛，了解大赛需要哪些设备，如何进行考试。本届观摩学校有4所，分别是：吉林大学、兰州大学、上海交通大学、深圳大学。

在大赛开幕式上，时任深圳市副市长郭荣俊前来支持，支持研电赛的深圳南山高新区区长刘应力帮搭了台，并在第四届研电赛的颁奖台上被任命为深圳市副市长，刘应力副市长亮相，并为荣获一等奖的队员颁奖。

大赛从开幕式到闭幕式，深圳市副市长都前来参加支持，这把研电赛这一民间活动提升到了一个新高度。

2. 紧急的赛事现场"火情"

大赛赛事本身也有诸多意想不到的紧急情况。

一次研电赛比赛的前一天，EDA供应商现场工程师安装完毕，结束交付。出于职业敏感，浙江大学的韩雁老师不太放心，当天晚上便和领队老师一起去现场测试，结果发现果真登不上去。他们一边向承办方报告，一边解决问题，一直到晚上10点钟才搞定，使第二天的比赛正常进行。

还有一次是比赛的当天早上，8点30分要开始笔试，6点30分时系统用不起来。维修人员已经调试了一晚上，但第二天早上系统还是无法使用。秘书处的工作人员也陪同在现场，他们早上给供应商打电话，但供应商的相关人员因为堵车根本赶不过来。

当时在现场的韩雁老师说,"真是把大家急死了!"她赶紧把她们实验室负责软件的老师找过来,试着调试,最后在开始比赛前半个小时,系统终于恢复正常了,秘书处的工作人员为此两宿没有睡觉。

还有一届是在比赛结束后,服务器系统无法读取参赛队伍的上机测试题。通常情况下,只有测试题读出来,才能交给专家评分。然而,第二天就要根据成绩,评出晋级的结果。没有办法,评审老师只能以最原始的人工方法,把每支参赛队伍的考试内容一一拷贝出来,再传给专家打分。由于有上百支队伍的考试题,他们忙到凌晨两三点钟才结束,大赛得以顺利进行。

3. 一天辗转3个城市

2009年,周祖成老师刚做了胆切除手术,还处在恢复期。为了筹办第七届研电赛,他不顾自己刚做完手术还需要恢复,就和中国电子学会的王新霞出差去找赞助,一天飞了3个城市(杭州、上海、深圳)。

他们先去杭州,询问相关企业能否赞助大赛,不过结果不太理想。于是下午,他们又从杭州前往上海,找到Altera的大学计划负责人徐平波。

徐平波非常热情地接待了他们,并谈到在承办第五届研电赛时,借助研电赛和周祖成老师的协助,公司在国内高校建立了100个"FPGA联合实验室"。Altera愿意出大部分的赞助费,和华为联合赞助,提议第七届研电赛冠名为"华为-Altera杯"。

在上海谈妥后,周祖成老师他们连夜又飞到深圳,去找华为协调。华为表示他们不争冠名权,同意第七届研电赛冠名为"Altera杯",并表示华为继续赞助第七届研电赛。

经费问题解决后,周祖成老师心里的石头终于可以放下来,路途奔波的疲惫已经全然不顾。

对于周祖成老师,以及筹办大赛的老师们、工作人员而言,每一届大赛的筹备推进,都如同开启新一年的农耕,松土、播种、施肥、浇灌,田间管理的每一步都不能少,也都不能敷衍对待。每一届大赛的筹备推进,又如同一场没有硝烟的战役,有预料的事发生,也有预料不到的事发生,筹办大赛的每一位老师和工作人员既要沉着应战、有序推进,又要时刻警惕、不能掉以轻心。只有到大赛圆满结束的那一刻,这一届的战役才算打赢,他们悬着的心才能放下来。

小结:研电赛从无到有,不断发展壮大

自 1996 年由清华大学和中国电子学会主办,华为公司赞助发起研电赛以来,研电赛已成功举办七届。研电赛推动了学科之间、校际之间、国际之间的学术交流,对于提高我国的研究生教育和学术水平十分重要。同时,研电赛推动了我国 EDA 电子技术的发展和应用,并为研究生优秀创新型人才提供了展示创新能力的平台,进而培养了一批又一批 EDA 电子设计的专业人才。

研电赛开展 14 年来,从首届竞赛的 10 所参赛高校、13 支参赛队伍,发展到第七届竞赛的 80 个参赛单位、285 支参赛队伍,参赛人数近千人,研电赛使一批从事 EDA 电子设计的优秀人才脱颖而出。近几届研电赛举办期间,主办方还安排了相关学科的全国大学教师会议、举办电子设计领域的专家论坛、安排师生参观业界龙头企业,让参赛师生了解中国电子设计行业的现状和发展。

此外,研电赛也得到了各 EDA 厂商、科技企业的广泛关注和大力支持。国内企业中,华为和北京华大,先后冠名承办研电赛;国外企业中,新思科技和 Altera 公司曾冠名赞助承办和赞助协办,Cadence、Mentor Graphics、Sinplicity 和赛灵思,也为研电赛提供了宝贵的工具软件。

在举办单位上,从第一届到第七届(1996—2010)都是由清华大学举办,周祖成老师指出,在大赛现场支持的清华大学党委研工部的行政干部和研团委的学生干部成就了研电赛,研电赛的现场指挥也锻炼了他们:首届"研电赛"的吴剑平秘书长,现任华侨大学的党委书记;第三届研电赛现场指挥孟竿,现任福建省发展和改革委员会主任;第六届研电赛现场指挥向辉,现任河北省沧州市市长;第七届研电赛现场指挥林志航,现位北京市副中心团委

书记；参加第七届研电赛筹备的方靖，现任南京市科技局局长。在举办研电赛的同时，这也是一个不小的收获。

在研电赛的带动和影响下，国内不少高校已具备了 EDA 的环境（软件工具和设备条件），研电赛也具备了走出清华的条件。

第3章

"芯"火传递，走向社会

3.1 走出清华，东南大学接过"火炬"

在多种因素的簇拥下，研电赛的火苗从清华大学传递到更多高校和地方。"第八届研电赛在哪所大学举办？"在第七届研电赛举办期间，周祖成老师就开始思索这个问题。

在第七届研电赛华东分赛区的评审合议时，东南大学的王志功老师在主持评审时的认真、公允和负责的精神，给周祖成老师留下了深刻的印象。周祖成老师了解到，王志功老师的专业背景非常深厚，他原来在德国攻读博士并留德工作多年，后来回国致力于国内射频光电的科研；同时参与多项社会工作，担任教育部高等学校电子电气基础课程教学指导分委员会主任，受聘为国务院学位委员会学科评议组电子科学与技术组成员。

第八届能否由东南大学承办？抱着试一试的想法，在华东分赛区评审的一天早上，周祖成老师找到了王志功老师。令人欣慰的是，王志功老师对承办第八届研电赛非常有兴趣。

王志功老师提及，他从研究生到后来工作，40多年的时间里一直跟集成电路系统设计打交道；在那个时代，周祖成老师通过电路的设计软件开始推进研电赛，非常高瞻远瞩，对周祖成老师非常敬佩，很愿意支持研电赛。不过研电赛不是一个人、一个团队可以承办的。王志功老师便向东南大学汇报能否承办研电赛一事，非常巧的是,当时东南大学主管研究生教育的校领导曾是电子科学与技术学院的院长,他意识到研电赛的专业度和重要性,对这一提议非常支持,马上定下来东南大学将承办下一届研电赛。

随后,周祖成老师把和王志功老师联系的情况转告给中国电子学会,中国电子学会随后与东南大学进行多次沟通。最终,第八届研电赛由南京东南大学承办落实。

3.1.1 增设"商业计划书专项赛",强化商业思维

2012年前后,移动互联网、云计算、大数据、物联网、可穿戴设备等词汇成为受人瞩目的科技词汇,在这样的背景下,研电赛考虑是否可以加入创业的元素。

"研电赛选手们的参赛作品专业水平非常高,同时投资机构又在到处寻找优秀项目,有没有可能把两者结合起来,邀请投资机构人士到竞赛现场了解参赛作品,挖掘优秀项目,促成参赛队伍和投资机构的投资合作。从学生角度而言,研究生不应该只具备专业技术能力,也要有市场和资本运作的能力。"周祖成老师指出。

在这些背景和考量之下,第八届研电赛于2012年3月启动。一方面,以"无创新,不设计"为口号,激发参赛队员的创新意识。在当时,"创新"一词在国内还比较新颖,直到2014年国家提出"大众创业、万众创新"后,创新一词才开始在全国流行起来。

另一方面,本届研电赛特别增设"商业计划书专项赛"(以下简称"商专赛"),以技术赛事为主,商专赛为辅,商专赛作为技术赛事的补充。参加技术赛事的参赛队伍在有兴趣和余力的情况下,针对技术作品写出商业计划书;专业投资机构代表为参赛队员做培训和指导,也由专业投资机构代表担任评委。商专赛也分二级评审,参赛队伍通过初赛筛选后才能晋级全国总决赛,受邀到总决赛现场参加答辩,评定全国奖项。

8月23—24日,第八届研电赛决赛在东南大学拉开帷幕,共有67个参赛单位、382支参赛队伍,比第七届研电赛增加了近100支参赛队伍。图3.1为第八届研电赛参赛队员笔试和作品的现场展示,图3.2为评审与答辩环节的现场情况。

图 3.1 第八届研电赛参赛队员笔试和作品现场展示

图 3.2 第八届研电赛的评审与答辩

首次设立商专赛就收到了12个作品,其中5个参赛作品的商业计划书在初审中表现优秀,入围决赛,包括:重庆邮电大学《多维网络控制一体化家居系统商业计划书》、电子科技大学《新型颅内压检测设备商业计划书》、重庆邮电大学《Hi-Fi数字流媒体播放机》、成都信息工程学院《健康管理系统商业计划书》、云南大学《智能井下监测及呼救系统商业计划书》。其中,电子科技大学的项目在决赛现场就被企业以300万资金资助,如图3.3所示。

图 3.3　电子科技大学项目在决赛现场被企业资助

商专赛帮助学生拓赛了商业思维为今后有创业梦想的学生提前助了一把力,学生通过专业投资机构的指导,在技术实力的基础上,更进一步全面地了解了创业的本质和创业所需要的能力。

3.1.2　1996—2012年,研电赛走过十六个年头

第八届研电赛举办期间,还举行了研电赛十六年纪念座谈会,如图3.4所示。

参与组织首届研电赛(清华大学原副校长)龚克谈及:"中国研究生电子设计竞赛举办十多年来,规模越来越大,水平越来越

高。作为最早参与组织这一活动的一员,我深感欣慰,并由衷地向当年一贯给予大力支持的清华大学、复旦大学等高校,华为、华大等企业,侯朝焕院士(信号处理和声学专家、中国科学院院士)、倪光南院士(计算机专家、中国工程院院士)等专家,特别是周祖成老师表示崇高的敬意和感谢。"

图 3.4　研电赛十六周年纪念座谈会

龚克指出,竞赛的意义并不在于"奖杯",而在于对研究生培养的实践性导向,由衷地希望竞赛坚持这一导向,引导更多研究生同学强化实践,"真刀真枪"解决实际问题;引导更多的研究生同学站在科技前沿,勇于创新;引导产、学、研更深入地合作;引导师生更密切地互动交流;引导多学科融合,让更多的人才"冒"出来。

参与组织"华大杯"第二届研电赛的华大集团董事长王芹生和参赛队员举行了圆桌座谈,向他们表达了国家对集成电路人才的迫切需求,她对同学们寄予殷切的希望。同学们在向研电赛发起人、组委会秘书长周祖成老师询问"如何能够坚持 16 年办赛"时,他说道:"我今年 71 岁,希望十年后还能在大赛的赛场和大家见面,争取在我有生之年,见到我们国家的集成电路产品,希望全世界都能像买中国电视机那样买中国的集成电路产品。"

3.2 不断蜕变,从国赛到西部崛起

3.2.1 研电赛升为国赛

当听到教育部学位与研究生教育发展中心和国务院学位委员会办公室正在考虑组织一个全国研究生赛事系列时,将研电赛升为国赛,便成了全国各地高校众多教育工作者的期待,也是全国诸多研究生的一种希望。

在举办第八届研电赛期间,周祖成老师开始推进把研电赛纳入"中国研究生创新实践系列大赛"。在清华大学研究生院高艳芳老师的引荐下,时任教育部学位与研究生教育发展中心主任助理的赵瑜女士来到第八届研电赛总决赛现场进行考察。周祖成老师陪同赵渝女士参加赛事过程的每个关键会议,并向她汇报了研电赛的发展历程。

经过一年的考察和了解后,教育部学位与研究生教育发展中心在2013年正式启动"中国研究生创新实践系列大赛",研电赛也被优先接纳进去。由于研电赛每两年举办一次,2013年轮空,所以在2014年正式加入"全国研究生创新实践系列活动"。此后,研电赛根据"中国研究生创新实践系列大赛"的规定,改为一年举办一届。

第九届研电赛启动时,教育部学位与研究生教育发展中心通过官网发文,研电赛在各个高校引起了重视。民间传颂的研电赛升为"国赛"了。

3.2.2 寻找"接班人"

研电赛变为国赛后,作为研电赛发起人的70多岁的周祖成老师颇感欣慰,研电赛今后可以辐射更多高校,能够惠泽更多高端人才的培养和成长。

周祖成老师想着自己年事已高,希望有年轻的力量能够加入研电赛的组织,接过研电赛的接力棒。那么,谁来接任,继续推进研电赛呢?

于是，周祖成老师开始物色人选，通过长时间的细心观察，他发现了一个理想人选——第二届研电赛一等奖得主、清华大学电子工程系党委书记金德鹏老师。金德鹏老师有行政资源又精力充沛，并与研电赛秘书处、中国电子学会配合得非常好。

周祖成老师找到金德鹏老师，提及接任研电赛秘书长一事。金德鹏老师并没有第一时间答应，他觉得研电赛已经有比较大的规模，每年参赛的队伍有数百支，涉及全国上百所大学，竞赛的组织还面临着很多困难，担心自己不能胜任秘书长一职，辜负了周祖成老师的期望。

不过，周祖成老师非常认可金老师的能力，并认定了他。于是，周祖成老师与金德鹏老师谈过多次，前前后后时间跨度近两年。在周祖成老师的不断鼓励和支持下，金德鹏老师终于放下顾虑，接过了周祖成老师的这份信任，挑起了研电赛秘书长的担子。

2014年，73岁的周祖成老师正式卸任研电赛秘书长职位，金德鹏老师接过接力棒，从第九届研电赛开始负责大赛的各项事务。

研电赛在前期已经打下了很好的组织工作基础，金德鹏老师开始思考如何提高研电赛的知名度和参与度，让更多高校的学生能够通过这个平台开阔眼界、增长才干。他与周祖成老师、研电赛秘书处的相关负责人、以及各参赛高校的骨干教师反复讨论，逐渐在竞赛中取消笔试，扩大命题范围，命题从比较单纯的EDA竞赛扩展到覆盖电子设计各个方面。

在取消笔试等多方举措的推进下，研电赛的参赛规模连年扩大。第九届研电赛的规模又大大地超过了第八届研电赛，决赛共有148个参赛单位、764支参赛队伍，比第八届研电赛规模多一倍。

第九届研电赛的成功举办，如图3.5、图3.6、图3.7所示。为此，周祖成老师感到非常欣慰："正是这些以学生培养为己任的好老师，才使研电赛一届一届的接力，一届比一届办得更有特色、更好！"

卸任研电赛秘书长之后，周祖成老师还一如既往地支持大赛，

图 3.5　第九届研电赛现场展示(1)

图 3.6　第九届研电赛现场展示(2)

随叫随到,赛前有需要就去支持宣讲,评审环节有需要就去参与评审。

图 3.7　第九届研电赛专家评审

3.2.3　陕西把省赛、西北区赛、国赛融合,西部开始崛起

2014年,第九届研电赛由西安电子科技大学承办。陕西省政府极为重视,借助筹备研电赛总决赛的契机,发起了陕西省的研究生电子设计竞赛(省赛),将省赛、研电赛西北赛区分赛和国赛进行融合。这为研电赛西北赛区的迅速壮大提供了十分关键的制度保障,也为西北高校在整个系列大赛中的优异表现奠定了基础。

研电赛早期,西部高校的参赛热情就已非常高。周祖成老师提及,西安三所高校西安电子科技大学(以下简称"西电")、西北工业大学(以下简称"西工大")、西安交通大学(以下简称"西交大")三所高校的实力很强。西电张玉明院长的微电子学院规模之大,比清华的微电子学院要大数倍。西工大张盛兵院长的实力不斐,航天航空部的集成电路国家重点实验室就设在他们那里,他们从第一届研电赛就派出了精兵强将。西交大更是人才辈出,西交大的"小树林"团队在研电赛的集成电路专业赛中获得过特等奖。此外西安理工大学是原北京机械学院迁至西安后,合并组建的,每次报名参赛的研究生不少,参与评审和命题的老师也很有水平。

通过与西部地区高校老师的接触,周祖成老师发现,一些老师教学任务重,知识更新的机会不多,科研和实验室条件和东部高校差距较大。他萌生了要帮助西部高校的想法,想接纳西部教师到东部条件好的高校进修。为此,周祖成老师推动清华大学的教学资源向社会开放,为其他高校代培师资,并安排进修老师上机做课程设计。

在承办第九届研电赛总决赛期间,西电非常重视,为了改善参赛队伍展示的环境,投入30万元在举办研电赛全国决赛的校体育馆安装了空调,并更换了整个体育馆的供电系统。

在第九届研电赛之后,研电赛西北赛区的赛事均在陕西省学位委员会办公室主持下由西安高校轮流承办,所有高校都高度重视,并由校领导牵头组成工作小组推进筹备工作。

因此,西北赛区参赛队伍的数量迅速增加,其质量也不断提高,每年西北赛区参赛队伍的数量都占参赛队伍总数的30%以上,且获奖率达40%。2014年,第九届研电赛西北赛区的参赛队伍为199支,此后每年大幅增加,到2019年达到766支。值得一提的是,有一年大赛,西电包机送参赛队员到参赛地点,由此可见西北高校对研电赛的重视程度。同时,在研电赛赛事的组委会,以及命题和评审专家中,来自西安几所高校的教师占比非常高。

从此,西北赛区成为研电赛的主力,看到来自西北赛区的高校和师生们在研电赛上优异的表现和成果,周祖成老师欣慰地说道:"从此'西部崛起'了。"

3.3 走出"象牙塔","政、产、学、研、用"相结合

随着研电赛的赛事规模和行业影响力越来越大,总决赛的规模也越来越大,这对承办单位的要求越来越高,(包括接待能力、经费的支持……)任何一所高校都不能单独承办研电赛。与此同时,研电赛通过前九届的发展,积累了大量的项目成果。学术和产业的深度结合,成为研电赛发展的新课题。

基于此,研电赛决定走出"象牙塔",与产业园区进行结合,一

方面让学生从校园里走出来,了解行业发展,了解市场需求;另一方面也对研电赛的组织模式进行新尝试。

3.3.1 走进杭州余杭,"政、产、学、研、用"迈出第一步

研电赛对接了国内较早做物联网的企业杭州利尔达公司,他们对研电赛十分感兴趣,正好利尔达物联网科技园要在当年 8 月份开园,利尔达邀请 2015 年第十届研电赛总决赛在物联网科技园举办。就这样,研电赛走出高校,走进产业园区的第一步得到了落实。

第十届研电赛的参与人数达到 3000 人,近 300 支参赛队伍进入全国决赛。

利尔达物联网科技园区刚刚开始投入使用,空调等设备还没有来得及安装。8 月正值酷暑,参加总决赛的学生们个个汗流浃背,不过没有一个学生退缩,也没有一丝抱怨,大家克服困难,在高温下坚持比赛,如图 3.8 所示。在研电赛决赛颁奖环节,大家脸上都露出喜悦的笑容,研电赛在新阶段终于迈出了第一步。

图 3.8 第十届研电赛现场展示

2015年,"大众创业,万众创新"的双创氛围席卷全国,大家非常关心创新创业,但什么是创客、创客需要哪些素质,这些对于学生来说都是问号。为此,在这一届研电赛总决赛的同期,举行了第一届中国创客大会,研电赛特地统计了学生的项目库,同时还梳理了产业园和孵化器的需求库,并且对孵化器做了画像,为学生提供精准的服务。第一届中国创客大会共有100多家企业、投资基金和孵化器参与,10个顶尖项目进行路演,如图3.9所示。

图3.9　青年创客大会TOP10项目路演

研电赛在杭州的顺利举办,为其后来更紧密地和地方政府、产业园区合作打下了坚实的基础。

3.3.2　上海组团招聘,将研电赛纳入落户加分项

2016年8月17—20日,"华为杯"第十一届中国研究生电子设计竞赛全国总决赛在上海嘉定工业区举行,如图3.10所示。来自全国320余所高校的近1300支队伍参与了激烈的角逐,最终275支队伍、1400多参赛队员成功入围全国总决赛,主办方为参赛队员举办了盛大的颁奖典礼,如图3.11所示。

作为承办方的嘉定工业区具有十分超前的意识,嘉定工业区管委会希望借助研电赛的举办提升嘉定工业区的双创氛围,吸引优秀人才和优秀项目。

图 3.10　第十一届研电赛现场展示

图 3.11　第十一届研电赛颁奖典礼

研电赛"创意、创新和创业"的初衷在这一届得到完整的体现。嘉定工业区把赛事的具体工作交给了上海大学的嘉定分校,区里主要抓企业"引智"和"嘉定之夜"的推介活动。

在"引智"上,嘉定工业区让嘉定企业就地取"才";在赛场的设置上,体育馆中心都是参赛选手展示和宣讲参赛项目的展台,四周则是嘉定工业区的30多家"引智"企业。嘉定工业区的企业对创意、创新和创业前景好的参赛项目仔细询问,并将感兴趣的参赛队伍邀请到周边企业的展台做进一步的交流,通过各种方式把从全国遴选出来的高端人才吸引到嘉定来,达到"人才和项目引进"的效果,如图 3.12 所示。

图 3.12　第十一届研电赛获奖队员和工业区企业互动

在"嘉定之夜"的晚宴上,主持人介绍了嘉定工业区的文化生活,并穿插了抽奖活动,工业区领导非常亲切地挨桌给参赛队员祝贺,给每个参赛队员留下了"嘉定是个好地方"的深刻印象。

从上海举办研电赛后的第二年,上海申请希望成为研电赛的一个独立赛区。上海电子学会秘书长、华东师范大学双创中心主任刘一清老师前前后后推进了这件事，他向上海当地政府申请，还得到了上海市教育委员会、上海市学位委员会办公室对研电赛的大力支持。

上海市特地把研电赛纳入上海落户加分项目，如图 3.13 所示，这对研电赛在上海举办发挥了巨大的推动作用。上海市还成立了一支由 50 多个高校教师组成的专家团队，推进研电赛上海分赛区的工作。

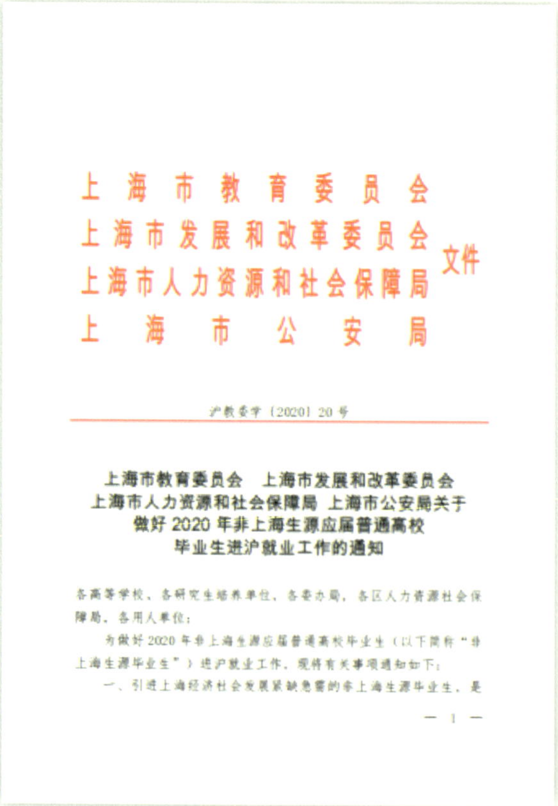

上海市教育委员会
上海市发展和改革委员会
上海市人力资源和社会保障局
上海市公安局
文件

沪教委学〔2020〕20 号

上海市教育委员会　上海市发展和改革委员会
上海市人力资源和社会保障局 上海市公安局关于
做好 2020 年非上海生源应届普通高校
毕业生进沪就业工作的通知

各高等学校、各研究生培养单位、各委办局，各区人力资源社会保障局、各用人单位：

为做好 2020 年非上海生源应届普通高校毕业生（以下简称“非上海生源毕业生”）进沪就业工作，现将有关事项通知如下：

一、引进上海经济社会发展紧缺急需的非上海生源毕业生，是

— 1 —

图 3.13　上海市特地把研电赛纳入落户加分项目

2017 年，上海正式作为研电赛独立赛区推进大赛。在成为独

立分赛区之前,来自上海的参赛队伍有 40～50 支,参加比赛的主要是上海交通大学、复旦大学、华东师范大学、上海大学等高校,参赛相对是自发的状态。在上海成为独立赛区之后,来自上海的参赛队伍规模增加一倍,有 100 多支,上海几乎所有高校都报名参加了研电赛。

在上海市教育委员会、企业、各高校等多方的协同下,研电赛相继在上海各个高校举办,研电赛对上海各高校学生的带动培养作用非常显著,并得到了产业界参与企业的高度认可。

3.3.3 惠州、南京持续接力

继上海之后,研电赛又走进了惠州、南京和绍兴三个城市,得到了当地政府的热烈支持。

2017 年,广东省惠州市承办第十二届研电赛全国决赛,开创了在地级市举办研电赛的先河,如图 3.14、图 3.15、图 3.16 所示。

图 3.14　第十二届研电赛报到现场

南京市江北新区连续举办三届研电赛总决赛,如图 3.17、图 3.18 所示。在 2020 年南京市江北新区第三次承办研电赛时,

图 3.15　第十二届研电赛答辩现场

图 3.16　第十二届研电赛现场展示

南京市江北新区科学技术协会安排组织中学生参观研电赛的参赛项目,与参赛队员交流,激发中学生对科技的兴趣,如图 3.19 所示。同时,南京市人力资源和社会保障局局长在"江北新区之夜"亲自宣讲南京市人才政策,吸引人才留在南京。此外,南京市江北新区组织企业去研电赛现场招聘,第一年组织 30~40 家企业,第二年组织的企业数量为 70 多家。

图 3.17　第十四届研电赛组委会会议

图 3.18　第十五届研电赛总决赛现场

在南京市江北新区承办的三届研电赛中,南京信息工程大学连续承办了两届。南京信息工程大学非常珍惜承办研电赛的机会:一是,借助研电赛专家的智慧力量,在其学科建设、博士点建设等方面多方请教研电赛的专家。二是,专门安排参加决赛的参赛队员参观校史馆,南京信息工程大学前身是南京气象学院,在气象领域有着非常高的地位。参赛队员通过参观可以了解到南京信息工程大学的实力。三是,南京信息工程大学借助举办研电赛的机会,把本校创新创业的氛围充分调动起来。一方面发动本校学生积极报名参加研电赛,本校报名参赛的队伍数量有几十支;通过校内选拔赛,再请导师、专家进一步帮助学生提升作品质量和水平。在承办研电赛的两年间,南京信息工程大学的参赛队伍在研电赛的成绩突飞猛进。值得一提的是,那两年报考南京信息工程大学的学生数量比往年提高了一倍。

图 3.19　南京市江北新区科学技术协会安排组织中学生参观研电赛的参赛项目

2020 年,全球"新冠"疫情肆虐,第十五届研电赛仍按时在南京江北新区举行,这是当年"中国研究生创新实践系列大赛"中唯一一个线下举办的大赛,也侧面反映出研电赛组织和防疫工作的周密到位。唯一的变动是,研电赛秘书长金德鹏教授(曾任清华大学电子工程系党委书记)抓学校"新冠"防范的工作非常繁忙,周祖成老师向组委会推荐了清华大学新上任的微电子学院吴华强教授(现任清华大学集成电路学院院长)担任秘书长。

研电赛参赛队伍的数量在不断增加,第十一届研电赛在上海举办时,参赛队伍就突破了1000支,达到1404支;第十二届惠州举办时,参赛队伍突破2000支,达到2055支;第十四届研电赛在南京市江北新区举办时,参赛队伍突破3000支,达到3394支;第十六届研电赛在绍兴举办时,参赛队伍突破5000支,达到5210支。

研电赛举办至今,决赛城市遍及北京、深圳、南京、西安、杭州、上海、惠州、绍兴,真正形成了地方政府、学位管理部门、产业园区、行业组织、企业、高校,即"政、产、学、研"多方协同联动。

3.3.4 2017年设立"集成电路专业赛",专门培养芯片人才

研电赛在推进中有一件重大的事,即研电赛设立了"集成电路专业赛"(简称"集专赛")。

早在2016年十一届研电赛在上海市嘉定工业区举办时,参赛队伍便首次突破了1000支,达到1404支,进入决赛的有115个参赛单位,共317支参赛队伍。

决赛现场极为壮观,各参赛队伍设计的电子作品有:天上飞的各种无人机、地上跑的各种智能车、水里行的各种潜水装备;从工业自动化电子装备、生态农业的电子系统、生物医学的电子仪器到改善日常生活的各类电子设备,琳琅满目,比赛现场热闹非凡,围观的人赞叹不已。

形成反差的是,这些电子设备背后所用到的核心技术——集成电路的展台前却冷冷清清,门(展台)可罗雀。即使是像复旦大学展示的"中国地面数字电视标准"芯片,也没有多少人观看。

对于这种反差,懂技术的人觉察到"核心技术"被边缘化了。

于是,这届大赛结束后的当年,在北京京郊的一次组委会会议上,东南大学的王志功老师就把研电赛现场发现的"集成电路被边缘化"的问题提了出来,周祖成老师深表赞同。

经过与组委会和秘书处多位成员协商,周祖成老师提议在2017年的研电赛中增设集成电路专业赛(以下简称集专赛)的分赛区,全国的参赛队伍统一在研电赛秘书处的网站上报名参加;比赛时间和研电赛相同;恢复集成电路设计的现场设计;集专赛

不受研电赛评奖名额的限制,单独评奖。

有了这些共识之后,研电赛秘书处委托周祖成老师开始筹建集专赛的班子。

75岁的周祖成老师找到清华大学校友会集成电路协会秘书长刘卫东,一同开始在清华校友中拉赞助。

第一位响应的是周玉梅校友,她说中国科学院大学可以提供赛场,并接待参赛师生。周祖成老师和刘卫东前往中国科学院大学现场考察,并选定了集专赛的赛场。

赛场确定后,周祖成老师和刘卫东又去往其他城市找校友筹备赛事的赞助。用周祖成老师的话就是"去找清华校友化缘"。第一站,他们来到上海找到清华大学校友、格科微的创始人赵立新,如图 3.20 所示。赵立新非常爽快地答应赞助 25 万元,并冠名两届集专赛为"格科微杯"。

图 3.20 周祖成老师和刘卫东拜访格科微赵立新(左三)

回到北京后,他们又去到中国科学院大学开始落实参赛队员的食宿工作,了解到场地没问题,不过经费有问题。于是,周祖成老师和刘卫东又跑到深圳"化缘",找到清华校友、深圳国民技术总经理张斌,由于当时正处于上市前的静默期,国民技术只能给参赛队员赠送奖品和礼品。

此时的周祖成老师和刘卫东一筹莫展。

没想到的是,在宾馆早餐时周祖成老师碰到了清华海峡研究院常务副院长郭樑和前副院长曹黎明,他们问周祖成老师到深圳干吗?周祖成老师直言不讳,来为集专赛"化缘"。他们边吃早餐边商量,最后清华海峡研究院答应赞助集专赛,如图 3.21 所示。

图 3.21　周祖成老师偶遇郭樑(左一)和曹黎明(左三)

周祖成老师的心终于踏实了,集专赛场地、企业赞助、参赛队员的食宿全部解决了。

接下来,周祖成老师便开始策划集专赛的命题和评审。他找到国内半导体龙头企业中芯国际、华大九天,以及国外科技巨头微软亚洲研究院、英特尔、爱立信来为大赛出上机题;高校教师来出笔试题。三大 EDA 巨头新思科技(Synopsys)、凯登(Cadence)、明导(Mentor)和国内 EDA 企业华大九天为现场上机提供环境。

学界的泰斗也非常支持集专赛,清华校友陆建华院士接受了集专赛命题和评审委员会的邀请,担任主任一职。清华校友吴德馨院士接受了在颁奖仪式上致辞的邀请。

2017 年 8 月,由教育部学位与研究生教育发展中心、全国工程专业学位研究生教育指导委员会和中国电子学会主办,中国科学院大学、清华校友总会半导体行业协会、清华海峡研究院承办,在集成电路相关企业的支持下,"格科杯"首届集成电路专业赛如期举行,如图 3.22 所示。

图 3.22 "格科杯"首届集成电路专业赛决赛合影

集专赛特意组织高校教师参观了中芯国际(北方)12 英寸生产线,让高校教师有机会了解国内半导体制造生产线的情况,如图 3.23 所示。华大九天、中芯国际、日月光集团、南方科技举办了迎宾晚宴和送别宴会,爱立信举办了专场的招聘晚宴。

图 3.23 集专赛组织高校教师参观中芯国际(北方)12 英寸生产线

集专赛与研电赛相互配合,集专赛集中在电子信息产业的上游环节,专门为国家培养和选拔研制芯片所需要的人才;研电赛打通了下游应用环节,覆盖面更广泛。

小结：研电赛成为我国研究生创新实践赛事"三最"

首届研电赛从1996年开始举办,至今近30个年头,已成为我国研究生赛事中举办时间最久、规模最大、影响力最强的创新实践赛事;覆盖全国200多所电子信息类研究生培养高校及科研院所,参赛队伍超过5000支,参赛人数超2万人。

近30年来,研电赛一直坚守着"创意、创新和创业"的理念。周祖成老师深有感触地说道:"研电赛是在共识、共育和共创中成长的。我们的初心就是为国家选拔电子设计的高端人才,坚持企业出题、现场设计和展示,把高校研究生教育的实践环节向企业延伸,也把企业对人才的需求提前反馈到研究生的教学环节,从而弥补产、学、研三者间存在的间隙。"

研电赛不是简单的比赛,贯穿了整个研究生的培养阶段,学生在确定科研课题方向的时候,就开始准备,并接受学校相关的体系培训。有些学生从替补队员做起,逐步成为队员、主力队员,经过2~3次竞赛实战,其技术能力、团队协作能力、表达能力、商业转化能力等综合能力得到了大幅度提升。

研电赛从校赛到分赛区初赛和复赛,再到全国总决赛,参赛队伍从分赛区复赛进入总决赛的比率为8.5%左右,最终能在总决赛获得一等奖的比率为1.8%左右。研电赛对人才综合能力的考验不断地加码,层层选拔,优中选优。

总决赛作品展示现场有500多项实物产品同场竞技,应用领域覆盖工业、能源、交通、国防、教育、农业、旅游、健康、养老、娱乐等。技术方向包括电路与嵌入式系统类、机电控制与智能制造类、通信与网络技术类、信息感知系统与应用类、信号和信息处理技术与系统类、人工智能类、技术探索与交叉学科类、6G先进无线技术探索类等。

各个领域的龙头企业参与命题,真正将产业界的前沿技术应用映射到竞赛中,学生通过竞赛近距离地接触企业,了解产业的需求,不断明晰自身今后的发展方向。对于企业而言,研电赛提供了一个招聘优秀人才的窗口。参与总决赛的参赛队员有1000多人,他们是来自全国各地的优秀硕士和博士,一家企业在决赛现场招聘对接会上曾激动地说:"从没有见过这么多优秀的学生。"华为从研电赛持续不断地招聘员工,他们表示:"在研电赛上招聘的学员,其综合能力比在其他渠道招聘的人员高出很多。"

在体会到研电赛这种校企融合的力量和价值,并从中获益后,越来越多的企业开始深入推进高校计划,从参赛到联合实验室、联合科研项目、联合培养人才等多个层面来培养人才。

对于学生而言,研电赛是一个出口,不仅为学生提供成果展示的机会,也为学生今后就业、落户、继续深造等提供了诸多便利。这在无形中起到了一个积极的示范作用,让更多的在校生能够树立学习志向,在学生阶段更好地投入学习中。

对于高校而言,研电赛调动了学校在培养学生主体责任方面的积极性,使高校教师充分发挥引导、带动作用。

研电赛的持续推进,离不开一批批热心的教育工作者的支持。周祖成老师提及:"我们高校确实有一批'春蚕'般的教师,他们把一生的心血都奉献给培养有创新精神和懂得创业价值的博士生和硕士生上,而他们自己宁可当'人梯'去热心公益。"

周祖成老师打了一个比方:"如果把人的创造力比作 X 轴,把价值比作 Y 轴,社会群体可以分为四个空间象限。第一象限是既有创造力又能为社会创造价值的群体,这一群体以创业的博士生和硕士生为主的高端人才为代表,这些人才凭借自身的能力能够充分实现人生价值,为社会创造巨大财富,也是推动社会进步和发展的最有力量的群体代表。教师们宁可让自己处在做公益的第三象限,去托举在第一象限创业的年轻的博士生和硕士生们。"

"芯"火相传,参加研电赛进入总决赛的学生中,每年有 40~50 人留校当老师,他们从参赛队员转变为领队老师,辅导新一届的学生参加研电赛,并在教育岗位上更有针对性地培养学生的技术能力、创新能力和实战能力。

研究生教育包括专业学位和学术学位高校主要在探索专业学位的硕士生、博士生应该怎样培养。研电赛为其提供了一个可能性,越来越多的高校免除研电赛获奖学生的毕业论文,通过竞赛的辅导来认定研究生导师的工作量,以及匹配研究生导师的研究生名额。这些措施将专业学位的研究生培养、产业需求与竞赛结合起来,为整个国家的教育体系发展提供了鲜活的案例。2020年,研电赛被明文写入教育部、国家发展改革委、财政部发布的《关于加快新时代研究生教育改革发展的意见》(教研〔2020〕9号)。

周祖成老师谈道:"研电赛的产教融合,不是教育的产业化,而是研究生培养的实践环节,是由学校和企业共同承担的。研电赛不仅参与和推动了产、学、研的深度融合,还成为我国在高端人才培养上探索和实践的一个范式。"

第4章

再出征,推进创"芯"大赛为国家培养芯片人才

我国芯片进口额在 2013 年时首次突破 2000 亿美元,远远超过石油的进口额,成为国内第一大宗类进口商品。这背后的原因主要是,国内集成电路产业未形成完整的产业链,无法充分满足本土旺盛的市场需求。

在意识到存在的问题后,国家在 2014 年推出《国家集成电路产业发展推进纲要》,并在同年设立集成电路产业投资基金(又称"大基金")。

2014 年 10 月,国家正式启动示范性微电子学院的申报与建设工作。2015 年 7 月,教育部、国家发展改革委等多部门联合发文,公布了首批 9 所建设和 17 所筹建示范性微电子学院的高校名单。同时,业界代表提议,将集成电路设立为一级学科,更好地配置教育资源,使集成电路人才培养与国家战略需求和产业发展相匹配。

在这期间,倪光南院士再次呼吁我国半导体产业缺芯少魂。受倪院士委托,周祖成老师在三个月内跑了全国 7 个城市,对国内正在从事 EDA 工作的近 300 名企业家、专家和学者进行调研,撰写近两万字的 EDA 调研报告,从多个维度分析 EDA 的发展现状并提出发展建议。

2018 年初,美国商务部对中兴制裁,芯片"卡脖子"问题被暴

露。国家对关键核心技术的人才需求显得更加迫切。

4.1 80岁再出征,筹备创"芯"大赛

2018年两会后,教育部立即召集周祖成老师开会,商讨芯片人才培养和选拔事宜。教育部认为集成电路专赛非常符合当前芯片人才培养的需求。

4月份,教育部和中国科学技术协会提议将集专赛从研电赛中独立出来,直接纳入"中国研究生创新实践系列大赛",并命名为创"芯"大赛,国内要自己创芯、选星、育芯。

2018年,在"中国研究生创新实践系列大赛"的启动大会上,周祖成老师邀请了华为的余承东和微软的徐宁仪,如图4.1所示。在启动大会召开前,教育部得知余承东是周祖成老师的学生,便特意请周祖成老师邀请余承东。周祖成老师拨通余承东的电话,说明情况后,余承东非常爽快地答应"周老师,我一定来。"

图4.1 华为余承东和微软徐宁仪应周祖成老师之邀参加启动大会

周祖成老师还邀请到微软的徐宁仪博士作为往届参赛选手代表分享了参赛的体会，徐宁仪博士提到："现在是一个创新层出不穷、知识和产业都在快速迭代的时代，被时代抛弃的焦虑随处可见。不过，我想将乔布斯的一句话'Stay hungry，stay foolish'送给你们，只要永远保持好奇心，用自己在各种竞赛和实践中锻炼的坚实能力来支撑自己，不断扩展未知领域，你就一定能够站在浪潮之巅前行。"

在国家急需的情况下，能为国家再次做点事，近 80 岁的周祖成老师没有丝毫犹豫，愿挑重担，再次出征。

创"芯"大赛成为一个独立的大赛，如同从"0"到"1"，需要成立一个新的组织班子，包括大赛秘书处、主办方、承办方、组织委员会、专家委员会、执行委员会，以及编写大赛章程。此外，时间十分紧迫，大赛一般都在暑假举办，此时离暑假只有 3 个多月的时间。

周祖成老师通过协调，请清华海峡研究院作为创"芯"大赛的秘书处；又找到华为商讨冠名事宜。他又邀请中国工程院院士倪光南、中国科学院院士陆建华来为创"芯"大赛站台。在企业命题上，周祖成老师邀请微软、格科微、华大九天等国内外企业参与出题。

2018 年 5 月 11 日，首届中国研究生创"芯"大赛初赛正式启动，创"芯"大赛官方网站发布参赛通知。

2018 年 5 月 14 日，大赛第一届组委会成立会议召开，并确定审议组委会名单、专委会名单和执委会名单，通过了首届中国研究生创"芯"大赛章程和大赛方案。其中，中国工程院院士倪光南担任组织委员会名誉主任，中国科学院院士陆建华担任专家委员会主任，周祖成老师担任大赛顾问。

大赛分为初赛和决赛两个阶段。其中，初赛阶段采用自主命题与企业命题相结合的方式进行。自主命题由大赛组委会组织专家进行评审，企业命题由华为公司进行评审。决赛阶段采用现场设计、分组答辩、公开竞演相结合的方式进行。创"芯"大赛决赛为现场赛，包括现场设计、答辩及竞演三个环节。

经过周祖成老师的多方沟通,创"芯"大赛组织单位也一一落实。主办单位为:教育部学位与研究生教育发展中心、中国科协青少年科技中心;承办单位为:清华海峡研究院、厦门理工学院、清华校友总会半导体行业协会;协办单位为:中国半导体行业协会、全国工程专业学位研究生教育指导委员会、中国电子学会、示范性微电子学院产学融合发展联盟;秘书处为:清华海峡研究院;合作企业主要有:华为、中芯国际、格科微、火炬创星荟、新思科技(Synopsys)、安凯微、Cadence、清华紫光、三安集成、日月光、ASML、ARM、优迅、闳康科技等。

2018年5月24日,大赛向研究生培养单位发出参赛邀请函。

在一个多月的时间内,创"芯"大赛秘书处在武汉、上海、西安、北京、长沙等地开展入校巡讲活动,将首届创"芯"大赛的基本情况与十余所高校师生面对面交流。

2018年6月30日,首届创"芯"大赛报名截止。

在100天的时间内,在多方的配合和支持下,周祖成老师和创"芯"大赛秘书处将大赛的筹备事宜全部落实,包括组织委员会、专家委员会、执行委员会等,还有大赛规章制度、宣传介绍、报名组织、会务、食宿、场地、日程、初赛评审工作、决赛评审工作,以及决赛命题等。

筹备事宜全部落实后,创"芯"大赛进入实战阶段。

4.2 "华为杯"首届中国研究生创"芯"大赛亮相

"华为杯"首届中国研究生创"芯"大赛得到高校的积极响应,参赛规模和覆盖范围超出预期,基本覆盖全国各个地区,共有包含香港、澳门等地区在内的全国71所高校和科研院所的254支研究生队伍,总计1000多名师生报名参赛。

其中,已建设的9所示范性微电子学院全部参加;筹备建设的17所示范性微电子学院中,有13所参加。示范性微电子学院是在国家为培养创新集成电路相关专业人才,提高人才培养质量的背景下推进建设的。2014年,国家启动申报与建设,2015年7

月,教育部、国家发展改革委、科学技术部、工业和信息化部等多部门联合发文,公布首批9所建设和17所筹建示范性微电子学院的高校名单。

初赛评审按照四个维度(先进性、创新性、展示效果、应用价值,分值比例分别为20%、30%、30%、20%)为作品打分。最终,共有148支参赛队伍进入决赛。

2018年8月10日,"华为杯"首届中国研究生创"芯"大赛决赛在厦门举行,共有450多名集成电路优秀研究生代表、100多名高校指导教师参加决赛,如图4.2所示。

图4.2 首届中国研究生创"芯"大赛决赛合影

创"芯"大赛主办方教育部学位与研究生教育发展中心、中国科协青少年科技中心,承办方清华海峡研究院、厦门理工学院、清华校友总会半导体行业协会,协办方中国电子学会、示范性微电子学院产学融合发展联盟以及清华大学校务委员会等相关专家和领导出席决赛。本届创"芯"大赛组织委员会和专家委员会相关专家出席决赛,如图4.3所示。厦门火炬高新区管委会、厦门市发展改革委、厦门市经济和信息化局、厦门市科学技术局等相关单位负责人也出席决赛。

此外,华为、格科微、Synopsys、Cadence、三安、优讯等20多家企业代表也来到了决赛现场。以华为为例,华为有20多位技术专家和面试专家到大赛现场,对80多位优秀同学进行了面试,并提供了数十个工作岗位。创"芯"大赛促进了优秀人才和相关工作岗

图 4.3　组织委员会名誉主任倪光南院士和专家委员会主任陆建华院士

位的准确匹配。

本届创"芯"大赛决赛共有 100 多项科研成果和项目作品以易拉宝、路演等形式进行了展示。

4.3　创芯、选星、育芯

4.3.1　举办"集成电路产业高峰论坛",倾听行业大"咖"芯声

在举办首届研究生创"芯"大赛期间,集成电路产业高峰论坛也顺利召开了。

论坛邀请到了众多行业专家学者、企业带头人和技术骨干,包括:中国工程院院士倪光南,厦门理工学院院长朱文章,中国科学院微电子研究所副所长周玉梅,清华大学电子工程系党委副书记、深鉴科技联合创始人汪玉,新思科技人工智能实验室主任廖仁亿,格科微 CEO 助理马小妹,华为海思研发技术总监、且海思首席 ASIC 专家夏禹,厦门市三安集成技术处长颜志泓,安凯微电子总裁兼董事长胡胜发,等等。

其中,倪光南院士发言指出,中兴事件让国内上上下下都非常重视芯片产业,当前需要知道哪些是我们的短板,哪些是我们的优势。国内网信领域有两大短板,即芯片和基础软件。在芯片领域,国内芯片设计发展比较好,芯片制造相对弱一些,材料装备则更

弱,EDA 软件设计工具最薄弱。当前,需要不断推进薄弱环节的国产化替代。

嘉宾们围绕网络技术安全、人工智能的未来和挑战、半导体产业发展,以及集成电路人才培养等进行主题演讲,共同探讨集成电路产业的现状与未来,为师生们带来一场产业盛宴,如图 4.4 所示。

图 4.4　集成电路产业高峰论坛上演讲的嘉宾

4.3.2　提供 MPW 芯片免费流片机会,推进科研成果转化

为了更好地推进科研成果实现产业化转化,周祖成老师提议:"创'芯'大赛老师带着学生一起参赛;大赛不是赛完就结束了,要将参赛的结果流片,而且是免费流片。"

周祖成老师特地找到国内的芯片制造龙头企业中芯国际来支持参赛结果流片,中芯国际非常支持,华为还每年赞助 20 万美元的 MPW 流片经费(直接拨付至代工厂),用于支持获奖队伍流片。创"芯"大赛获得特等奖和一等奖的团队可以获得免费流片机会。

促成免费流片的背后是周祖成老师的一片良苦用心。他说:

"国际集成电路高端杂志 SSC 的论文评选的前提就是要流片。而一次流片的成本要在几百万美元甚至上千万美元,一般的师生团队是无法承受的。免费流片对老师来说是一笔很大的福利,这也是我有生之年想实现的一个目标。"

在首届创"芯"大赛上,中芯国际签头,联合上海华虹、无锡上华和深圳南方科技等企业,建立了创"芯"大赛获奖选手 MPW 流片的赞助联盟。免费流片,不仅为师生们提供了可以将科研成果转化为实际运行的芯片实物,也为大赛建立起真正的产业化 IP 和项目合作提供了依据。

截至 2023 年,创"芯"大赛 MPW 流片已经进入第六个年头了,在北京大学蒋见花老师的细心组织和安排下,已经有了些令人欣慰的成果。第一届创"芯"大赛,来自浙江大学、上海交通大学、西安电子科技大学等 5 所高校的 7 个项目获得流片机会;第二届创"芯"大赛,来自 8 所高校的 14 个项目获得流片机会;第三届创"芯"大赛,来自 8 所高校的 12 个项目获得流片机会;第四届创"芯"大赛,来自 15 所高校的 19 个项目获得流片机会;第五届创"芯"大赛,来自 9 所高校的 14 个项目获得流片机会。

据在创"芯"大赛获奖并已流片的高校老师们反馈,这个奖励措施非常好,填补了高校人才培养环节的空白;创"芯"大赛提供的宝贵的流片机会,使学生能够全面地了解和实践芯片设计的流程,对学生形成系统的知识体系有十分重要的意义,同时也在企业和学校间提供了更好的过渡。

创"芯"大赛为获奖团队提供流片的奖励将会持续推进下去,为更多获奖学生提供这样的机会,培养更为全面的微电子领域人才。

4.3.3 组织获奖团队参观科技巨头,近距离了解产业

首届创"芯"大赛后,周祖成老师还为学生们争取到赴美交流的机会。

获得特等奖和一等奖的参赛队伍受邀参观了新思科技美国总部,并到英特尔、谷歌、苹果等美国硅谷高科技企业参观交流,如

图 4.5、图 4.6 所示,同时参观了国际名校斯坦福大学,如图 4.7 所示。这次赴美交流,给师生们提供了与全球领先的集成电路相关企业研讨和交流机会,让他们了解了美国的集成电路在产、学、研、用等方面的实际情况,开拓了学生们产业层面的国际视野。

图 4.5　创"芯"大赛获奖师生在硅谷参观

本次参观交流的一位学生反馈:"通过参观,我们了解了国外顶尖公司的企业文化,体会到学术和工作的不同。公司的前辈们心态很年轻,在完成工作之余还能紧跟技术潮流,同时还能和我们打成一片。从他们身上我们感受到了终身学习、工作和生活的平衡的必要性。此外,在斯坦福大学我们和知名学者交流了未来微电子领域的趋势,讨论了 AI 和芯片的未来。这次参观交流,让我们对芯片相关工作的兴趣更加浓厚,同时也让我在日后的工作中能时刻保持年轻的心态。"

另一位获奖学生说道:"我们不仅参观和接触到新思科技和英特尔这种传统半导体巨头,还有机会在谷歌园区和在那儿工作的学长、学姐进行了深入交流;在交流过程中,也了解到如谷歌这样的互联网巨头也在芯片领域有所布局,这让我们对行业发展的

图 4.6　在硅谷与企业专家和学校校友座谈

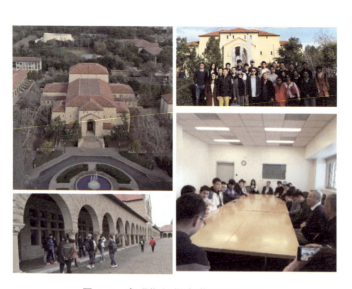

图 4.7　参观斯坦福大学和校友座谈

状况,对自己的职业规划有了更清晰的认识。通过这次交流,我切身感受到了半导体的'黄金时代'已经来临,同时也让我坚定地选择加入这个行业,成为一名半导体从业者。"

本次参观交流,学生们还参加了一个半导体产业相关的论坛讨论,如图 4.8 所示。一位学员提及:"这是我第一次参加这样的活动。印象比较深的是台上嘉宾和台下观众关于 risc-v 和 MIPS 谁是更好的指令集的争论,双方各抒己见,虽然不一定能把对方说服,但是大家自由的讨论,以及非常开放和包容的态度,也展示了半导体产业的活力和创新精神,这种氛围让我备受感染。"

图 4.8　参加半导体产业论坛

周祖成老师提及,在美国硅谷参观时,美国科技巨头发现这些学生非常优秀,有意招收他们。不过没有一个学生为之所动,均表示将来要为国内的半导体产业振兴而努力。

创"芯"大赛免费流片、走进产业交流等举措,强有力地激发了师生团队参加比赛的积极性和将理论转化为实践的热情。

4.3.4 设置企业招聘专场,助力人才对接

首届创"芯"大赛还设置了企业招聘活动暨人才对接专场,在中国半导体行业协会、厦门市集成电路行业协会的支持下,华为、格科微、新思科技等 30 多家企业,数百名参赛学生参加了交流对接活动,如图 4.9 所示。

图 4.9 参赛学生参加企业招聘的对接活动

同时,企业为创芯大赛的学生提供了招聘直通车。例如华为公司,投递芯片类岗位:获全国二等奖、三等奖的学生,可以免机考;获一等奖及以上的学生,免机考和一轮专业面试;华为专项奖等级等同全国奖对应等级待遇。再如格科微,投递芯片类岗位:获全国二等奖、三等奖的学生,可以免笔试;获一等奖及以上的学生,可直接进入综合面试;格科专项奖等级等同全国奖对应等级待遇。

值得一提的是,华为公司称赞周祖成老师是中国研究生电子设计竞赛、中国研究生创"芯"大赛的发起人和积极推动者,还给周祖成老师颁发了突出贡献奖,如图 4.10 所示。周祖成老师没有留下一分钱。将奖金全部转给清华大学电子系,用作给经济困难的

研究生补助。

图 4.10　华为为周祖成老师颁发突出贡献奖

4.4　创"芯"大赛走近全国、深度赋能、产教融合

4.4.1　第二届，杭州主动请缨承办大赛

2018 年五六月份，在第一届创"芯"大赛进入高校宣讲时，浙江大学微纳电子学院丁勇老师在了解创"芯"大赛的整体情况之后，主动向周祖成老师提出浙江大学能否承办第二届创"芯"大赛。

那次还是丁勇老师和周祖成老师第一次碰面，周祖成老师被丁勇老师的这份热情和担当感动。周祖成老师说道："您先根据流程提申请，第一届创'芯'大赛举办时你也来现场，了解一下赛事的具体情况。"

2019 年 8 月，第二届创"芯"大赛在杭州举办，得到了浙江大学、杭州电子科技大学、杭州国家集成电路设计产业化基地的支持；共有来自 94 所高校的 468 支队伍报名参赛，同比上涨 84%；初赛参赛学生 1346 人，指导教师 391 人，其中有 224 支队伍来自 23 所示范性微电子学院。经初赛评审及复议，最终有 151 支参赛队伍进入决赛，如图 4.11、图 4.12 所示。

为进一步贴近技术发展需求，第二届创"芯"大赛特增加半导体器件、光电子方向的命题，提高赛事对集成电路相关学科的覆盖

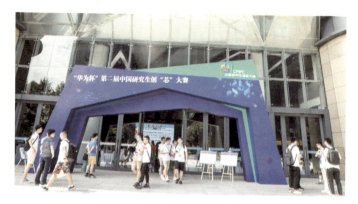

图 4.11　第二届创"芯"大赛开幕

图 4.12　第二届创"芯"大赛笔试现场

面。上机设计题共包含集成电路设计类(方向为数字、射频、模拟、混合信号、光电子)及半导体器件类(无细分方向)。图 4.13 为第二届创"芯"大赛上机考试时的情景。

经过答题、答辩及路演三环节后,评审委员会评选出一等奖、二等奖、三等奖及优秀组织奖、优秀指导老师奖、企业专项奖等。

在颁奖典礼上,倪光南院士指出,创"芯"大赛的成功举办是中

图 4.13　第二届创"芯"大赛上机考试

国集成电路事业现实发展情况的写照,也是对集成电路人才培养事业的鼓舞。芯片及 EDA 产业是我国集成电路产业发展的短板,集成电路领域人才培养是我国今后迅速赶超世界先进水平的关键。倪光南院士也对参加本次大赛的师生团队提出了期许:"希望同学们抓住时机,培养创新精神,积极投身到中国集成电路产业事业之中。"

教育部学位与研究生教育发展中心主任助理赵瑜提到,芯片是我国科技被"卡脖子"的命门,要从根本上改变关键核心技术受制于人的现状,需要在集成电路等领域培养一大批具有自主创新精神和原始创新能力的高端人才,"选星""创芯""育芯",选拔培养集成电路未来从业者和领军者也是中国研究生创新创业大赛的宗旨所在。

第二届集成电路产业高峰论坛,再次邀请到多位产业大咖。中国半导体行业协会副理事长、国家示范性微电子学院建设专家组组长严晓浪从"产教融合和创新创业——高等教育的历史使命"的角度进行分享;中芯国际联席首席执行官赵海军分享了"立足中国,布局未来,迎接集成电路产业新发展"的产业思想;华山资本创始合伙人兼董事长陈大同从"挑战和机遇——在中美博弈中的半导体创业"的角度展开演讲。此外,新思科技中国董事长兼全球副总裁葛群、华为海思上海研究部部长郑军、龙芯 CPU 首席科学家胡伟武、澳门大学 AMSV 国家重点实验室副主任余成斌、华大九天董事长刘伟平、Cadence 全球 AI 研发中心高级 AI 研发总监丁渭滨等也结合各自所在的领域进行了主题演讲。学界及业界嘉宾分享经验,促进集成电路产、学、研融合,拓宽参赛学生的视野,如图 4.14 所示。

图 4.14 嘉宾们在第二届集成电路产业高峰论坛发表演讲

在大赛长效机制方面,首届大赛流片工作有序进行,浙江大学、上海交通大学、西安电子科技大学等多所高校的获奖课题已完成流片,正在进行测试。华为继续赞助第二届创"芯"大赛100万元 MPW 流片经费(直接拨付至代工厂),用于支持获奖队伍流片。

第二届创"芯"大赛决赛结束后,组委会组织一等奖获奖学生赴厦门及深圳参访华为、大疆、清华海峡研究院、清华大学深圳研究院、光峰科技等集成电路相关企业及研究单位,华为、大疆与芯片研发部门的资深员工与获奖选手进行面对面交流,如图 4.15、图 4.16 所示。

图 4.15 获奖学生在华为与公司高层交流

4.4.2 第三届,上海推出积分落户政策

第三届创"芯"大赛决赛走进上海,由上海市临港经济发展集团承办。2020 年正值"新冠"疫情,在号称"离上海较远,但离世界很近"的上海临港经济开发区,临港的全自动化示范的洋山港刚刚建成,马斯克在临港的特斯拉汽车生产线下线,临港正逐步成为上海集成电路企业集中建厂的首选地。第三届创"芯"大赛落脚在上

 参观没问题,我安排

图 4.16 获奖学生在大疆与公司高层交流

海临港适得其所,如图 4.17 所示。

2020 年,受疫情影响,本届大赛专门组织行业专家和高校专家进行线上宣讲,开展了 3 期"云讲堂"、5 期校园云宣讲、6 期命题企业专题宣讲、4 期新思科技赛前培训,杨卫院士为本届大赛致辞,如图 4.18 所示。本届大赛因疫情无来自港澳台地区的高校参赛,最终共 480 支参赛队伍,参赛学生 1368 人,指导教师 545 人,其中有 290 支参赛队伍来自 28 所示范性微电子学院。经初赛评参赛审及复议之后,共 152 支参赛队伍进入决赛。

在第三届创"芯"大赛上,王志功老师被授予最佳贡献奖,如图 4.19 所示。从第八届东南大学承办研电赛起,每一届研电赛王志功老师都会全力支持,协助大赛命题、评审、完善赛制等。创"芯"大赛的前身集成电路专业赛也是在他的提议下,从研电赛中单列出一个专为培养集成电路人才的赛事。2018 年,在教育部的

第4章 再出征，推进创"芯"大赛为国家培养芯片人才

图 4.17　第三届创"芯"大赛落脚上海临港

图 4.18　教育部学位管理与研究生教育司杨卫院士致辞

支持下，集成电路专业赛成为一个独立的赛事，并纳入"中国研究生创新实践系统大赛"，直接成为国家级赛事。

本届创"芯"大赛获得了教育部学位管理与研究生教育司、中

图 4.19　周祖成老师为王志功老师颁发最佳贡献奖

国(上海)自由贸易试验区临港新片区管理委员会、上海市学位委员会办公室、上海市学生事务中心、全国工程专业学位研究生教育指导委员会、国家芯火计划上海基地等机构的大力支持与鼓励。

在大赛专委会、各高校院所老师、承办方临港集团等各方的支持与积极推动下,大赛正式列入"上海市落户加分名录"。创"芯"大赛一等奖获得者加 10 分、二等奖获得者加 8 分、三等奖获得者加 6 分,如图 4.20 所示。

受新型冠状病毒感染影响,为全力保障参赛师生的安全,组委会商议决定取消赛后获奖团队的参访行程。

值得一提的是,本届创"芯"大赛尝试线上直播,直播第一天点击率达 1300 万人次,第二天达到 3000 万人次,CCTV-1 和 CCTV-13 相继进行了超过 1 分钟的新闻报道,如图 4.21 所示。

4.4.3　第四届,走进北京 IC-PARK,北京市副市长助阵

2021 年,第四届创"芯"大赛走进北京,由北京中关村集成电路设计园(IC-PARK)承办,如图 4.22 所示。参赛规模创下了历史新高:全国 101 所研究生培养单位的 499 支队伍报名参赛,参赛

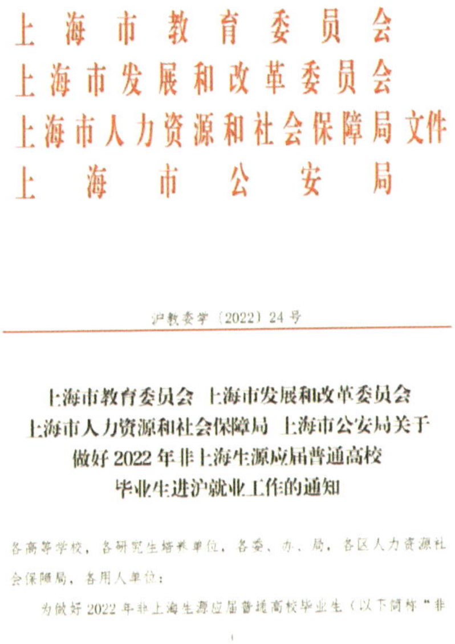

上海市教育委员会
上海市发展和改革委员会
上海市人力资源和社会保障局文件
上海市公安局

沪教委学〔2022〕24号

上海市教育委员会 上海市发展和改革委员会
上海市人力资源和社会保障局 上海市公安局关于
做好2022年非上海生源应届普通高校
毕业生进沪就业工作的通知

各高等学校，各研究生培养单位，各委、办、局，各区人力资源社会保障局，各用人单位：

为做好2022年非上海生源应届普通高校毕业生（以下简称“非

图 4.20 上海创“芯”大赛积分落户政策

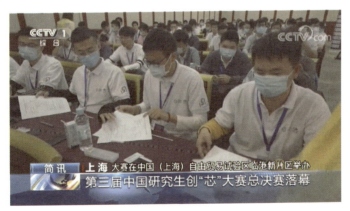

图 4.21 中央电视台对第三届创“芯”大赛进行报道

学生1439人，指导教师427人。

参与本届创“芯”大赛命题的企业包括：华为、新思科技(Synopsys)、Cadence、格科微、日月光、艾为电子、芯华章、泰瑞达、

图 4.22　2021 年,在北京中关村 IC-PARK 线上举办的第四届创"芯"大赛

芯来科技。

本届创"芯"大赛原计划采用分考点进行上机考试,因各高校突发疫情封校,监考老师无法入校监考,秘书处紧急采用线上监考预案,为每支参赛队伍采购邮寄远程摄像头,采用三机位监考、全程录制考试过程、MD5 校验码确权提交文件、一对一线上监考等手段,确保赛事公平、公正。

本届创"芯"大赛因疫情数次延期,最终只能以线上形式进行举办,89 位高校教授和企业专家参与命题、评审工作,累计工作时间超 800 小时,大家的专业和智慧保证了大赛的学术性与高水平,如图 4.23 所示。

图 4.23　国内行业专家进行线上评审

受疫情影响，各高校因封校无法聚集在一起进行上机设计竞赛，组委会采用一对一远程监考的形式组织了上机设计考试，保证了赛事的公平、公正。各位参赛学生克服种种困难，最终在疫情影响下仍然赛出了精神和水平。

决赛开幕式及同期的芯动北京 IC 产业论坛都以线上云会议的方式召开，时任北京市委常委、副市长殷勇的讲话给予创"芯"大赛高度肯定，他指出，创"芯"大赛来自全国顶尖高校的优秀人才同台竞技，校企合作共同为国家集成电路产业育才，彰显了集成电路产业发展的希望和活力。北京市将加强前沿关键技术攻关，加快支持自主创新平台建设，促进产、学、研、用有效串联，如图 4.24 所示。

图 4.24 时任北京市副市长殷勇给予创"芯"大赛高度肯定

本届创"芯"大赛的决赛颁奖典礼在线上举行，大赛决赛的开幕式及颁奖典礼全程在线直播，来自全国各大高校、企业、科研机构的集成电路行业专家们、优秀的研究生参赛选手们一起相聚云端，累计观看直播人数近 6 万余人次。

获奖选手也表达了自己的激动之情，来自西安电子科技大学的黄文斌同学分享道，他在 2017 年研究生一年级时，曾参加过创"芯"大赛的前身，中国研究生电子设计竞赛的分赛，集成电路专业赛，当时还因受到周祖成老师的指导十分激动。5 年后，自己已是博士三年级的学生，马上面临毕业，获得本次创"芯"之星奖项是给自己最好的毕业礼物之一。在未来人生中,他将努力为中国集成电路发展贡献属于自己的力量。

来自北京航空航天大学的陈宇昊同学十分感谢创"芯"大赛的平台,他谈及:"在准备比赛的过程中,我收获了很多经验,锻炼了表达能力和电路设计能力。获奖当天北京虽在下大雪,但我的内心如火一般炽热,这是我第一次参加创'芯'大赛,今年也是自己博士的第一年,这次奖项可以算是入学的一份大礼物。"

4.4.4 第五届,浙江提供专项人才政策

2022年,第五届创"芯"大赛走进杭州,由浙江大学杭州国际科创中心承办,如图4.25、图4.26所示。

图 4.25 第五届创"芯"大赛开幕式

图 4.26 决赛路演项目

本届报名参赛队伍稳步上升,共有来自全国96所研究生培养单位的503支队伍报名参赛,其中参赛学生79%为硕士研究生,12%为博士研究生,9%为已取得保研资格的本科生。初赛参赛学生1469人,指导教师638人,其中有290支队伍来自28所示范性微电子学院。同时,60%的参赛学生来自电子、微电子相关专业,其余40%来自通信、计算机及材料学相关专业。

同时,加大企业命题参与度,促进校企协同育人。本届赛事吸引了多家优秀企业进行命题,命题范围覆盖集成电路全流程、全产业链,极大匹配了研究生竞赛属性。本届大赛共收到461件有效作品,包括自主命题作品和企业命题作品。自主命题共收到355件作品,其中:集成电路设计方向249件、半导体器件方向96件、其他方向10件;企业命题共收到106件作品,龙头企业通过深度参与企业命题环节,推进校企双方对高端人才培养方向形成共识。

作为本次大赛承办方,浙江大学杭州国际科创中心,一直高度重视集成电路科技创新,先后牵头成立浙江省集成电路创新平台、先进半导体研究院,搬迁建设浙江大学微纳电子学院。浙江大学副校长周天华对举办创"芯"大赛充满期望,他提及,希望通过大赛选拔出一批致力于服务国家集成电路产业发展战略的优秀科研人才,同时期待浙江大学杭州国际科创中心通过大赛,在探索"新工科2.0"建设道路、攻克关键核心技术、科技创新和产业创新双向联动上持续发力,推动区域产业集聚和转型升级。

在本届大赛上,浙江大学的韩雁老师成为一道亮丽的风景线。在路演评审上,她点评道:"产业界的技术水准走在了高校和科研院所的前面。高校和科研院所的人员在流片完测试时,会拿出最好的测试数据来发表文章;工业界产品的数据,最差的芯片也要满足的底线。换句话说,高校做出的是样品,工业界做出的是产品,从'样品'到'产品'是非常艰难的过程,良率要高、成本还要低。成果转化之路非常长,不能掉以轻心。"这番话引发在场学生的深思,也得到网上观看直播的学生们的赞叹,网友留言:"这位女老师的点评,一听就是做过科研的。"

此外,在人才集市上,为了保障学生积极参与,韩雁老师想到了一个两全齐美的办法。她与企业沟通,给予学生现金奖励,学生每到一个企业招聘展位可以集一次卡,20个卡集满后,可以兑换50元的现金奖励。最终,学生非常积极踊跃地参与;招聘企业也收到非常多学生的简历。

第五届创"芯"大赛的人才专场招聘会活动吸引到近50家国内外知名半导体企业赴现场参会,为入围决赛的学生及往届参赛获奖学生提供大赛专属的招聘优待政策与简历快速投递通道。历届大赛的人才专场招聘会活动累计超过百家企业参与。与会企业表示,创"芯"大赛的参赛队伍水平高、创新意识强,所出成果为企业开拓技术攻关思路提供了宝贵资源,企业也从大赛中找到了极为匹配的卓越工程人才。

值得一提的是,第五届创"芯"大赛不仅为学生提供施展才华的舞台,还为科研人员与企业搭建了交流合作的桥梁,大赛特别设置了"集成电路校企合作对接会",围绕产业急需的问题,以企业发布相关产品科技研发计划、参赛高校教师承接合作的形式,推动集成电路产教融合的纵深发展,如图4.27所示。

图4.27　第五届创"芯"大赛集成电路校企合作对接会

此外，在同期举办的"创芯 1+1"线上讲座、器件建模工具培训、专场高端人才专场招聘会、集成电路企业参观等活动，通过产业链、创新链、人才链和教育链的相互衔接，推动了集成电路的产教大融合。

杭州市政府为第五届创"芯"大赛提供专项的人才支持政策，针对创"芯"之星等奖项获得者给予 D 类、E 类、F 类人才认定，获奖者可享受人才落户、购房补贴、人才优先摇号购房、子女入学、公积金贷款优惠等诸多优惠政策，如图 4.28 所示。

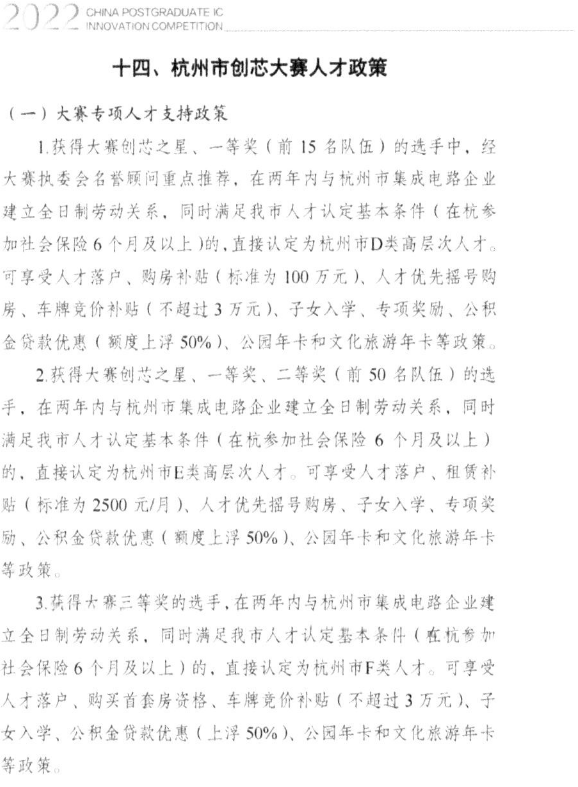

2022 CHINA POSTGRADUATE IC INNOVATION COMPETITION

十四、杭州市创芯大赛人才政策

（一）大赛专项人才支持政策

1. 获得大赛创芯之星、一等奖（前 15 名队伍）的选手中，经大赛执委会名誉顾问重点推荐，在两年内与杭州市集成电路企业建立全日制劳动关系，同时满足我市人才认定基本条件（在杭参加社会保险 6 个月及以上）的，直接认定为杭州市 D 类高层次人才。可享受人才落户、购房补贴（标准为 100 万元）、人才优先摇号购房、车牌竞价补贴（不超过 3 万元）、子女入学、专项奖励、公积金贷款优惠（额度上浮 50%）、公园年卡和文化旅游年卡等政策。

2. 获得大赛创芯之星、一等奖、二等奖（前 50 名队伍）的选手，在两年内与杭州市集成电路企业建立全日制劳动关系，同时满足我市人才认定基本条件（在杭参加社会保险 6 个月及以上）的，直接认定为杭州市 E 类高层次人才。可享受人才落户、租赁补贴（标准为 2500 元/月）、人才优先摇号购房、子女入学、专项奖励、公积金贷款优惠（额度上浮 50%）、公园年卡和文化旅游年卡等政策。

3. 获得大赛三等奖的选手，在两年内与杭州市集成电路企业建立全日制劳动关系，同时满足我市人才认定基本条件（在杭参加社会保险 6 个月及以上）的，直接认定为杭州市 F 类人才。可享受人才落户、购买首套房资格、车牌竞价补贴（不超过 3 万元）、子女入学、公积金贷款优惠（上浮 50%）、公园年卡和文化旅游年卡等政策。

图 4.28　杭州市创"芯"大赛人才政策

2022 年，新冠疫情尚未结束，创"芯"大赛首次采取线上、线下相结合的方式,使决赛得以顺利举行。第五届创"芯"大赛的决赛开幕式、最终竞演、闭幕式环节通过多平台直播,累计观看人次超8万。

4.4.5 巾帼不让须眉

第七届研电赛之后,中国电子学会全面承担了研电赛秘书处的工作。秘书处的一批女士们的努力,成为每届研电赛顺利召开的重要保障。

研电赛秘书处负责人王新霞"风风火火"、王娟认真细致、何文丹全力以赴,她们充分调动社会资源承担赛事,前前后后与高校教师、办赛开发区和地方政府的负责人,以及办赛当地电子学会和学位委员会办公室沟通协调。在秘书处三位女士的全力推进下,研电赛从"1"到"10",又从"10"到"100"。

创"芯"大赛也是如此。创"芯"大赛秘书处的工作由清华海峡研究院承担,创"芯"大赛秘书处的秘书长涂丛慧博士,从接手创"芯"大赛以来,迅速把大赛做强!她组织的现场设计环节极具特色,受到各高校和集成电路企业的高度认可。此外,她还精心组织集成电路企业(中芯国际牵头)对参赛高校的 MPW 流片的赞助联盟,组织荣获创"芯"大赛一等奖的师生参观硅谷、华为与大疆,并连续五年邀请北京大学的蒋见花老师,从技术上把关高校教师的 MPW 流片工作。

还有一批热心服务于研电赛的高校女教师们。哈尔滨工业大学的杨春玲老师很早就带领研究生参加第二届研电赛,第六届研电赛时她提出了"研电赛建分赛区"的建议,还主动承担了研电赛东北分赛区的评审事宜,几十年一直坚持担任研电赛的现场评审。

还有筹建研电赛华东分赛区的杭州电子科技大学副校长孙玲玲老师。她除了出色地完成研电赛华东分赛区的评审任务之外,从第七届起还担任每届决赛的组委会委员和命题评审专家。后来创"芯"大赛两次在杭州举办,孙玲玲老师都责无旁贷地组织杭州电子科技大学的师生,配合浙江大学的丁勇老师和韩雁老师办赛。

北京邮电大学的刘雯老师非常支持赛事的命题与评审工作,

每次都参与其中。有一次她要去国外参加学术会议,但还有研电赛的命题与评审工作,而且那一届研电赛是在杭州举办。于是,她从北京赶到杭州,参加完研电赛的命题与评审工作之后,才赶紧乘机去国外参加学术会议。

由浙江大学的韩雁老师带队的参赛队伍在集专赛中获得了一等奖,当组织获奖教师参观北京中兴国际 12 寸生产线时,她从杭州赶过来,为了不耽误第二天的工作,参观后当天她又返回杭州。韩雁老师还再次把第五届创"芯"大赛争取到了杭州举行,亲力亲为地办好第五届创"芯"大赛。第三届创"芯"大赛在上海临港区举办时赶上新冠疫情,组委会好不容易组织了现场决赛,韩雁老师为确保现场的竞赛环境,几乎彻夜不眠。

在集专赛和创"芯"大赛的现场,北京大学的蒋见花老师极为耐心地一一解答同学们的提问;细心组织和安排创"芯"大赛获奖队伍的流片工作,并从技术上对高校教师的 MPW 流片工作进行把关。

小结:坚持、坚守、坚信

周祖成老师留校任教期间一直从事雷达领域的科研,并且多个科研成果相继获得国防部和电子工业部等部委的科学技术进步奖一等奖、二等奖。1986 年,国家推进"863"计划时,急需人才。清华大学电子工程系的领导找到他谈话:"小周,你的外语基础也还可以,你又接触到了这个计算机,希望你去搞集成电路设计。"其实,那一年周祖成老师也已 45 岁,跨界进入集成电路全新领域,让他深感人才培养的重要性,也坚定一定要大批量的替国家培养人才的决心。

此外,国家经历过"用市场换技术"的阶段,不仅购买芯片需要花钱,而且购买芯片本身的知识产权也要花钱。只有培养自己的人,才能真正掌握知识产权。

通过清华讲台、国内最早的 EDA 实验室,周祖成老师力所能及地在清华大学的范围内培养人才。

后来机缘巧合,1995年,周祖成老师与华为的郑宝用一拍即合,通过中国研究生电子设计竞赛,把清华大学的科研资源惠及到国内更多高校,在更大的范围内培养人才。

第一届研电赛自1996年举办,至今近30年。从第七届研电赛之后,研电赛走出了清华大学,走进更多高校(东南大学、西安电子科技大学),后来又走入社会(由余杭、嘉定、惠州、南京、绍兴承办)。2017年,中兴事件发生的前一年,从研电赛中专门开设"集专赛"。2018年,周祖成老师再出征,经多方协调将集专赛从研电赛中分离出来,成为独立的赛事——中国研究生创"芯"大赛。

研电赛为国家培养和选拔硬科技所需要的高端人才,创"芯"大赛为国家培养和选拔急需的芯片高端人才。

研电赛和创"芯"大赛已成为国内研究生培养中的重要实践环节,教育部将其纳入"新时代研究生教育改革发展"的重要参考;因人才培养的效用,教育部将两个大赛纳入国家级的研究生大赛;参与大赛的学生因在大赛上得到系统性的历练和提升,在就业或继续深造之路上,受到种种厚待;高校也因大赛发挥对人才培养的带动作用,从校级层面全方位支持或组织学生参与大赛,并将获得大赛奖项作为学校和院系的一大殊荣;多个城市也因积极参与两大赛事而受惠,并为吸引更多大赛的优秀学员,相继推出多项呵护人才的政策。

从大赛中孕育走出一批又一批企业家、企业技术骨干、高校教授、研究机构技术负责人,这些人才像火种似的,又继续在自己的岗位上,传播着技术创新、科研创新的火苗,影响一批又一批的学生、教师、员工。

"芯芯"之火,正在逐步呈现燎原之势!

作为研电赛、创"芯"大赛的发起者,在2023年研电赛座谈会上,周祖成老师谈及:"我尽最大的努力去推进人才的培养,不是说我就比人家高明多少,所有的这些都是努力的结果。一个人的成功不在于他的智商高低,而是靠不断的坚持和努力。研电赛和创'芯'大赛能走到今天,是一群人,包括企业代表、高校教师、电子学会、教育学会等,大家联合起来一起做的。"如图4.29、图4.30所示。

图 4.29　2023 年研电赛座谈会

图 4.30　周祖成老师分享大赛感受

"对我自己而言,两个大赛发展到当前这个规模是一件非常高兴的事。与我在清华的那些科研成果比较起来,我更高兴的是做了这件有利于国家人才培养的事。"周祖成老师欣慰地说道。在他眼中,研电赛和创"芯"大赛如同一步步成长的孩子,看到它们充实、茁壮地成长,周祖成老师乐在心中。

科技竞争就是人才竞争。谈及中国芯的未来,"二十大及今年两会之后,国家发挥新型举国体制,集中力量来办大事,"周祖成老师说道,"我们坚信经过一段时间的努力,再加上市场的推动,卡脖子的事情能够得到解决。在有生之年,我也希望我国的集成电路由进口转为出口,在出口上变成一个逆行者!"

周祖成老师打了一个比方:"国外集成电路产业如同一个老人,中国集成电路产业是一个小伙子,大家都朝一个方向走。到后面,老人会越走越慢,小伙子会越走越快,差距就会越来越小。我们要有信心,坚定地走下去,总有一天会超过去!"

《"芯"火燎原——芯片人才自主培养探路》讲述的是近 30 年来一群热爱芯片人才培养的人们,合力做的一件有意义的事情。所以特别鸣谢中国电子学会、教育部学位与研究生教育发展中心、中国学位与研究生教育学会、各位院士和高校教师、参赛的同学们、赞助大赛的企业,感谢他们为芯片人才培养做出的每一份贡献!

附录 1

中国研究生电子设计竞赛(研电赛)

人才培养实录

【参赛队员＋高校老师代表】
金德鹏、张春、付宇卓、范益波

【参赛队员＋企业带头人代表】
朱宁、孙雪俊、徐宁仪

【带队老师＋组委会成员代表】
王志功、刘一清、曾晓洋、贺光辉

【大赛支持企业代表】
黄国勇(华大)、徐平波(ALTERA)、何军(兆易创新)、余涵(华大九天)、乔劲轩(格科微)

【参赛队员＋高校老师代表】

- **金德鹏 研电赛参赛选手、指导老师、组委会秘书长。** 中国科学院大学党委副书记,清华大学兼职教授、博士生导师,曾任清华大学电子工程系党委书记,信息学院党的工作领导小组组长。主要从事软件定义网络、网络功能虚拟化、移动大数据、城市计算等方面的研究。作为负责人,与技术骨干承担国家科研项目多项,发表学术论文 300 余篇,曾获国家技术发明二等奖一项,省部级奖励多项。

在学生阶段,金德鹏主要研究数字芯片设计方向,他所在的实验室里的师兄参加了第一届研电赛,于是金德鹏也报名参加。报

图 1　金德鹏老师

名后,清华电子系和微电子所联合组织老师给参赛同学培训,并进行组队。

通过参加研电赛,金德鹏收获颇丰:"一是扩展了知识面。参赛之前,我主要关注的是系统级数字电路的设计,竞赛培训使我了解到一些底层设计的基本概念。二是认识了一些参赛的朋友,后来他们中也有不少人从事集成电路设计方面的工作。三是认识到自己的差距,竞赛过程中很多同学表现出非常强的能力和水平,这个对我影响很大,促使我在后来的工作中更加努力学习和研究。"

在清华大学执教后,金德鹏积极参与研电赛的组织工作。后来,他从周祖成老师手中接过接力棒,开始担任研电赛秘书长。

从 2014 年起开始担任研电赛秘书长至今,金德鹏颇有感触:"我觉得看准了一件事,一是坚持去做,总会有收获。研电赛从最初的十几支参赛队伍发展到现在每年几千支参赛队伍,数万名师生参与,没有长期的坚持可能也很难做到。二是要不断创新,研电赛不断地在竞赛方式和竞赛办法上创新,如前十名获奖队伍的路演,"研电之星"的评选,研电赛的师生联欢晚会,等等,只有不断改变,更加适应学生的需求,研电赛才能越办越好。三是要有投入,无论是周老师带领的开创期,还是我做秘书长这一段,以及后来的历届竞赛,投入还是很大的。记得刚刚分赛区时,在7月到8月初,我和秘书处同事们经常要跑遍所有分赛区,常常是连轴转。虽然辛苦,但是看到研电赛的成长,心里还是很高兴的。"

图2 金德鹏老师参观了解参赛项目(左一)

作为教育工作者,在如何培养学生的创新意识上,金德鹏认为:"一是要立志,科研上要做创新的事,就得走不寻常之路,这必然会比走别人已经开辟的路更难,风险也更大,因此要先立志,否则很容易被挫折打败。二是要能坚持,要有十年磨一剑的耐心,才能真正有所创新。想靠灵光一闪或者所谓弯道超车搞创新,不是没有可能,但在现在各个学科发展都很快、几乎所有点上都有很多人在做的年代,还是很困难的。三是要合作交流,今天的科技创新,更多的是系统级的创新,很多真正的问题也是系统级的问题,单靠个人力量往往力有不逮,特别是在电子信息领域。四是要容忍失败,创新是高风险的,失败的可能性很大,周边大环境一定要有容忍失败的氛围。"

在校企联动的人才培养上,金德鹏指出,要形成信息、技术、资金的流动闭环。信息闭环,是指企业在生产实践中,从客户需求中会找到很多的具体问题,企业应该适时地总结和一定程度地提炼这些问题,把其中一些企业难以解决的或者没有精力解决的问题反馈到学校,由学校老师再进行提炼总结,以指导和修正学校老师的科研选题方向。技术闭环,是指学校老师的研究成果,要尽可能地走进企业,在实际生产和建设中进行运用,而不是发了论文、完成了国家项目就结束了。资金闭环,是指企业应该以某种相对固定的方式给学校老师们稳定的支持,而不是让老师们今天做这个项目,明天没钱了,又转到另外一个项目,只有长期相对稳定的资金支持,才可能有更大的创新。

- **张春 第一届、第二届研电赛参赛队员,带队老师,清华大学集成电路学院研究员,集成电路设计与设计自动化研究所所长**。作为课题负责人先后承担了国家重大专项"高速串行接口 IP 核研发与应用"、863 项目"移动智能终端大容量存储关键技术"等项目的研究工作。讲授研究生课程"IC 设计与方法""数字集成系统设计""智能机器人设计与实践"。担任 ASSCC、ICTA 国际会议的 TPC 成员,国际自主智能机器人大赛技术委员会主任。

图 3　张春老师参加研电赛座谈会

张春参加过 1996 年第一届和 1998 年第二届研电赛,他当时的参赛契机是那一学期正好选了周祖成老师的电路设计的课。他提及:"那时候基本上没有什么基础,特别是集成电路设计,我是上了周老师的课才知道有这么回事。"

当时清华有两支队伍,因为清华做集成电路相关的有电子系和微电子所(集成电路学院前身),电子系带队的是杨华忠老师,微电子所是吴新军老师。

"当时所学的知识相对比较零散,比赛时发现自己学的知识不够用,第一届比赛成绩不是很好。"张春老师回忆道,"到第二届研电赛时,周老师告诉我们,还是要好好表现,清华得拿个好成绩出来。"

第二届研电赛报名之后,张春和队员们进行了充足的准备,他们把以前所学的书籍全部又看了一遍,也对正在做的项目进行了梳理,在第二届研电赛上张春和团队取得了不错的成绩。

毕业之后,张春留校当了清华大学的一名老师,并担任了研电赛的带队指导老师。他提到:"当了老师后,我意识到要把缺的那些知识全部补齐,并且学校给了明确要求,参加研电赛必须要拿相当于特等奖或一等奖的第一名。"

因此,学校专门为研电赛开了一门课,让将要参加比赛的学生选这门课,把集成电路比赛相关的知识点搬到课堂上,一个学期大约 16 个学时,所有相关老师分别来讲课,把集成电路涉及的所有知识分成若干部分讲完。带队老师和授课老师负责组织一些课程内容。"参赛学生在参加比赛时知识体系就非常完备,然后再做一些实训,练习实操题目,让学生上机练习。与前两届相比,从第三届开始,参赛学生的表现几乎是业余队和专业队的差别。"张春谈到。

通过参加比赛和担任带队老师,张春对人才培养有了深一层的体会。他提及:"当了老师以后,我发现一些进入科研岗位的学生,过去学的知识不够完整,真正开始研究工作之后,很多东西还得从头再学。另外,学生学的课本知识跟科研所需要的知识和能力有一些脱节,需要重新回炉。"

于是,在培养学生方面,张春会拿一些科研项目给学生练手,让他们从小项目开始做起,然后再慢慢地参与大的项目。

从研电赛的参赛队员到带队老师,张春一直坚持的动力源于他的爱好。他从小对做电子比较感兴趣,工作之后也以研究芯片、电路为主,希望通过自己的努力,把更多的学生吸引到这个方向上来。

- **付宇卓 第二届研电赛参赛队员,上海交通大学电子信息与电气工程学院微纳电子系博士生导师。** 国内"双一流"高校的骨干,曾为美国华盛顿大学、加拿大康考迪亚大学访问学者。担任多个国际会议、核心期刊的审稿人。主持或参与过国家科技部、自然基金委、上海市科委等发布的课题,曾获国家教学成果奖、宝钢优秀教师奖等。曾任国家集成电路人才培养基地负责人、上海交通大学教学指导委员会委员。曾任上海交通大学教务处副处长 7 年、学生创新中心常务副主任 3 年、微电子学院副院长 10 年。

图 4　付宇卓老师

在 1998 年第二届研电赛的参赛队员中,付宇卓是哈尔滨工业大学(以下简称"哈工大")一队的参赛队员,参赛那年他正在哈工大读博士一年级,他们的队伍是由2个博士、1个硕士组成的。

1998年,哈工大学校实验室里面做微电子的EDA工具还很缺乏。付宇卓谈到当时的比赛情况:"我们到清华大学的EDA实验室时,实际上是第一次完整地尝试EDA工具的流程。第一天暖场去竞赛的实验室熟悉环境,从下午3:00去一直弄到晚上,连吃饭都顾不上。第二天考试发挥的也还可以,这种临阵磨枪也还挺管用。"

"参赛队员都是年轻人,大家不仅一起比赛,也住在一起,有很多交流的机会。这让我和我的同学增长了很多见识,了解到彼此都在做什么,交流了对相关技术、学术问题的看法。"付宇卓谈道,"多年以后我回头看,处在研究生阶段,这样的经历其实非常重要,有时可能会决定自己一生要做什么。"

他还提及一件有意思的事,竞赛结束后准备回去时,当时华为人事部的人在寝室外面等,说要请他们吃饭。当时大家非常诧异"相互不认识吃的哪门子饭"。他因有事就先走了,与他一同参赛的师兄和师弟回来后,还吹了半天"他们吃的是什么什么……"

当时,企业和大学之间的互动还很少,对于学生而言,还不太理解大学和企业的关系。现在企业和大学之间的关系、学生和企业之间的关系,已经变得自然融洽。研电赛为学生在学习阶段拓展书本和课堂之外的眼界,并丰富了体验。

"研电赛把清华的EDA资源和人才培养的思路辐射到各个大学的微电子人才培养中去,其实起到了星星之火的作用,并在各个大学传递火种。"付宇卓说道,"我正是带着这些热情和想法来到上海交通大学,在我们新成立的微电子学院,从培养计划做起,招需要的老师、找企业建立联合实验室,在微电子教学院长岗位做了10年,一直牢记着担负着'为国家培养一流微电子人才'的使命。"

通过多年的教育实践,付宇卓对创新也有一些自己的感受:"本科生的培养目标,就是培养他们成为20年之后当他们的硕士、博士读完进入产业后,国家、社会需要他们成为的样子。从现在起到未来的 20 年,国与国的竞争与合作,一定是建立在极具创新的产业价值体系下的。未来一个国家、一个产业,能持续产生这样的人,国家才会有前途、产业才会有希望。"

他举例道:"比如光刻技术,从原来的干法光刻转到浸润式光刻,很大程度要归功于林本坚先生,是他坚持浸润式刻蚀的可行性,才让光刻进入到一个新的时代,产业受益于有这样创新能力的人。"

"面向未来的 10 年、20 年,如果能培养更多这样的人,才是创新教育、培养人才的真正价值所在。这种创新意识是可以在很多大学建立起来的,我觉得对我们这么一个庞大的国家来说,一旦有了这种意识,未来的潜力是无穷的。"付宇卓指出。

- **范益波 第五届研电赛参赛队员,复旦大学微电子学院教授**。本科毕业于浙江大学,硕士毕业于复旦大学,博士毕业于日本早稻田大学。主要从事图像处理、视频编码、处理器硬件架构设计研究,出版专著一部,发表学术论文 150 余篇,获得发明专利 40 余项。获得第五届研究生电子设计竞赛金奖,中国技术市场协会金桥奖个人一等奖,日内瓦国际发明展金奖等。

图 5　范益波老师

2005年,当时研电赛还是每两年举办一次,竞争非常激烈。"在前几届,基本上是清华和复旦轮流获得大赛冠军。我们那一届参赛就是奔着拿第一的目标去的,参赛压力非常大,整个学校的老师和领导非常重视这个比赛。"范益波谈道参加比赛时的情景。

比赛是在8月份举办,复旦大学从三四月份就开始做院系内的选拔,当时组了两支队伍,每支队伍都是4名队员、3名队员加1名替补,一共8人。选拔出来后,他们白天上课,晚上培训,花了两三个月的时间,非常紧张地为比赛做准备。

范益波谈及当时比赛时的状态:"虽然准备比较充分,不过8月份到清华参加比赛时,我们内心还是非常紧张,当时全国有70多支队伍来参加,高手如云。"

比赛第一天是笔试,第二天是上机考试。笔试主要考查一些基础知识;上机考试给出了两道设计题,然后需要现场根据设计的题目写出电路的设计文档,最终把这个电路用硬件描述语言写出来,同时还要做EDA的一些综合布线,整个上机考试差不多持续了一天时间,从早上九点一直到晚上八九点,将近12个小时。

考试结束后,范益波和队友放松了很多,接下来就是等待阅卷的结果。

当时主办方还带着他们一起去爬了八达岭长城。"我们在出征前学校专门准备了写有复旦校名的统一服装,在一众学生里,我们复旦队伍的8位同学还是蛮显眼的。"

"在参加这次比赛过程中,我们跟国内其他高校的一些同学们相处得非常不错,大家之间互相交流,也建立了深厚的友谊。"

第五届研电赛,复旦参赛队伍取得团队冠军。"当听到我们拿到冠军的那一刻,心情真的是非常激动,也觉得非常幸运,因为毕竟是在清华的主场。从另外一个角度来讲,我觉得这个比赛也是非常公平、公正。"范益波回到了夺冠时的情景,"当时我们抱着奖杯、奖牌,在清华校园里面拍了很多照片。现在翻看老照片,都是满满的、非常美好的回忆。"

图 6　范益波学生时期参加研电赛与团队合影（前排右一）

关于比赛的收获，范益波分享道："研电赛让我有了一个非常好的展现自己的机会，也是一次非常好的加深知识的过程。特别是笔试的一些部分，对知识面的要求比较广，它让我们跳出自己的一个小的研究点，在整个集成电路的各个方向上再去深入地温习一遍，不断打磨，形成自己的知识积累的过程。上机考试又是一个深度方面的考核，现场提供题目，比如设计题，需要在一个非常短的时间内完成一个非常艰巨的任务，这是一种非常好的检验能力的方式。"

在参加比赛之前，不少高校会给同学们做培训，这是专业教学之外的、实践技能上面的培训，对每一位同学来讲是非常宝贵的。

在与企业接触方面，范益波讲道："通过参加比赛，其实我们得到非常多的机会。因为国内非常好的一些头部企业，愿意去赞助比赛，甚至会在现场和很多同学进行直接的面试交流。这能让同学们尽早了解行业现状，参与某些企业的早期招聘环节，这对同学们的就业非常有帮助。"

参加研电赛，对范益波后来出国读博带来很大的帮助。他分享到:"我研究生毕业后去日本早稻田大学读博士。当时,我的博士生导师来复旦招生时,他就问我有什么特别的亮点,我说我获得了全国研究生电子设计竞赛的金奖,导师非常认可比赛,他认为能在这样一个权威的、高水平的比赛中拿到这么高的名次,证明我的能力一定是非常好的。"

"研电赛,对我们的知识积累、未来就业、出国深造及学术发展等方面都大有裨益,是一个非常好的舞台。"范益波总结道。

现在,范益波作为复旦大学的一名老师,继续为我国培养所需的集成电路人才。

【参赛队员+企业带头人代表】

- 朱宁 第一届、第二届研电赛参赛队员,后创办集成电路企业昇显微电子(苏州)股份有限公司。本硕博毕业于清华大学电子工程系微电子专业,曾在美国硅谷先后任职于多家公司,拥有 20 项美国发明专利。从清华大学微电子所博士毕业后去了美国硅谷,先在 Synopsys 公司做 EDA 工具,后来转做芯片设计,在硅谷工作了 20 年,积攒了丰富的产业经验后,2019 年回国创业。

图 7 朱宁

朱宁 1989 年考入清华大学电子工程系微电子专业。在他们这届之前,专业名称叫作"半导体",还不叫"微电子"。

朱宁提到:"在那个时代,'半导体'往往与收音机挂钩,所以专业名称听起来不那么'炫'。专业名字从'半导体'改为'微电子',成为吸引我父亲(一位电子发烧友,但是由于身份原因大学只能报考机械专业)推荐我选这个专业的重要原因之一。当时我居然因为'迷之自信'选择了'不服从其他专业调剂',后来进入了当时电子系微电子专业唯一的一个班。"

1996 年,朱宁在清华大学微电子所攻读博士的第二年,一则举办首届全国研究生电子设计竞赛的消息吸引了他的注意。朱宁提到:"当时的我血气方刚,而且依仗已经具备的一些自动化设计的实战经验,觉得自己责无旁贷,必须请缨出战。"

第一届研电赛一共有 13 支参赛队伍,"第一场笔试我们的团队发挥平稳,考的都是微电子专业相关的知识和应用,对于本专业的我们来说还是驾轻就熟的。第二场机考出了两道题,由于当时能提供的比赛服务器有限,不能同时让所有选手都上机操作。于是团队一半成员做第一道,另一半成员做第二道。"

这次考试朱宁所在团队得了二等奖,他个人得了三等奖。朱宁谈到:"我也在反省,我认为自己知识面不够全面,对于复杂问题的分析和解决能力尚缺。"

通过这次比赛,朱宁发现各个队伍的 EDA 工具使用能力参差不齐。有几个队伍的队员采用的还是传统设计输入方法,手工输入逻辑单元和单元之间的互连,然后通过逻辑仿真进行验证,导致实际输入的时间和仿真验证的时间都比较长。这与采用 VHDL/Verilog 进行设计输入,然后用逻辑综合工具产生电路网表相比,设计效率确实低了很多。

谈及第一次比赛的感受,朱宁提到:"第一届全国研究生电子设计竞赛具有里程碑的意义。它一方面向参赛学校和队员普及了集成电路正向设计的流程,另一方面促进了高校之间的技术交流和集成电路设计理念的推广,参赛队伍虽然不多,但是起到了'星星之火,可以燎原'的推广作用。"

第一届研电赛之后的两年间,朱宁独立完成了几个大型设计项目,实战能力提高了不少。等到1998年第二届研电赛举办时,他又义无反顾地报名了,打算以满血的状态"一雪前耻"。

这一届他得了个人笔试和机考综合成绩第一名。参加两届研电赛,他谈及自己的收获:"我很幸运能够在国内芯片设计由传统的方法转型到以 EDA 工具为依托的正向设计流程的过程中接受到先进的思想教育和技能培训,并且籍由两届大赛锻炼自己的能力,正确认识自己的位置,从中得到的收获远远超过预期。"

- **孙雪俊 第三届研电赛全国个人冠军兼团体冠军,现为爱立信中国无线基站研发首席专家**。清华大学电子工程系本硕博,所学横跨微电子学和通信信息系统两大专业。毕业后加入爱立信公司,从事 3G 和 4G 基站系统架构设计,并在爱立信全球第一款 5G 基站研发中担任首席架构师。长期从事前沿通信技术的预研和架构设计。

图 8　孙雪俊参加研电赛座谈会

2000 年第三届研电赛举办时,孙雪俊正在清华读博士。在企业出题环节,华大集团出了一道与身份证 IC 卡相关的设计题,孙雪俊团队提交的设计报告,令出题方华大集团的黄国勇博士在评

图9 孙雪俊取得个人一等奖中的最高分,上台领奖并发言(上图左一)

判时赞不绝口。凭借出色的笔试和上机成绩,孙雪俊成为第三届研电赛的个人冠军,同时他所在的团队获得团体冠军。

图10 个人一等奖证书和团队一等奖奖杯

谈到研电赛,令孙雪俊印象最深的是,比赛出题均是教授、专家及企业代表,他们将科研及产业中出现的技术难题、前沿技术挑战设置为考题,让参赛学生能够将理论知识与产业实际联系起来。

孙雪俊凭借出色的解题思路赢得了大赛,而背后折射的是他的创新思维。他本科学的是微电子,辅修了通信专业的双学位,博士攻读了通信专业。孙雪俊谈道,多学科的交叉比较容易形成碰撞,这种碰撞和融合,对不同行业的技术交叉会有一定的影响。他指出:"拓展专业方向,对将来的创新会有很大帮助。尤其像集成电路,它属于实践应用非常强的领域,需要多学科的知识背景架构。"

那一届研电赛在清华大学举办,全国21所高校和研究机构的35支队伍参加比赛,孙雪俊对此颇有感触:"研电赛不像一个充满竞争关系的比赛,而更像一个和睦融合的夏令营,参赛学生会在一起聊天分享各自学校及学校所在城市是什么样的,这为我提供了一次了解其他高校和城市的机会,还激发了我后面去很多城市旅游的想法。研电赛不仅从学习维度上帮参赛学生打开思想,也帮他们从生活维度打开了方向。"

参加研电赛,除了赢得个人荣誉并为学校赢得了荣誉之外,孙雪俊最大的收获是"确认了自己未来的工作方向"。他提及:"我虽然此前学了很多东西,但当时对未来还是挺迷茫,不知道将来到底去做什么工作。参加研电赛让我进一步确认做设计、做研发是我的特长,也是我愿意去做的事情,这是我最大的收获。在这个认知的基础上,后来我去了爱立信做基站,然后从3G、4G到后来做爱立信的第一个5G基站,所有的这些事情都证实当时选择的工作方向是我喜欢的,也是我愿意去从事的事业。"

他多年前设计爱立信第一代5G基站时,当时芯片技术还未演进到现在的水平,当时的基站普遍做得很大、又特别重。于是他想到了一些更精巧,可以减轻重量、减小体积的方式,彻底颠覆了基站的形态,把基站做得又小又轻。从专利申请到项目预演,到项目开始一步步推进,前后经过了好几年,他的专利真正变成了产品,也成为现在业界最小、最轻的 5G 基站。

经历从 2G、3G、4G 到 5G 的演变,孙雪俊认为:"需求推动创新,不过技术的演进总有一定的瓶颈,这个过程就需要我们不断地发现新的思路和方向。"

他还提到,如何把一个芯片用到一个系统中,其实是这一个比较复杂的工程。例如,现在做的基站里面用到很多的芯片,如何去定义芯片,把它规格化是一个复杂的问题。其实,定制芯片是一个系统工程,从系统工程转换到芯片的规范,然后把芯片设计出来,这是一个自顶向下的过程。实际上,从总体设计到芯片设计,只有对整个数据通路有比较深入的理解,才能对整个创新有比较好的突破。

毕业至今,孙雪俊一直在爱立信工作,并且成为爱立信中国无线基站研发首席专家。当问及为何能在一个平台潜下心深耕 20 多年,他表示:"其实就是兴趣使然。当一个人对有些东西充满兴趣时,就会愿意挤出更多时间去做这件事。一个人将来的发展方向及能走多远,其实与兴趣也很有关系。如果对某一方面有兴趣,你就会愿意额外地花时间做,不会觉得是被老师或家长逼迫去做。工作是一辈子从事的事情,如果做的不是喜欢的东西,很难有长久的热爱。"

- **徐宁仪 研电赛参赛队员,辉羲智能创始人**。清华大学本硕博,曾就职于微软亚洲研究院、百度、商汤科技。其主导的微软数据中心定制加速系统在全球首次应用于超大规模数据中心、应用在价值数十亿美元的产品和服务中;主导的百度昆仑 AI 芯片是中国第一款云端全功能人工智能芯片,是首次在工业领域大规模应用的中国自研 AI 芯片。同时,在顶级会议及期刊发表相关论文 50 余篇,近五年被引用 1600 余次,获得相关专利 8 项。

徐宁仪在本科阶段看到师兄们参加研电赛时,想着将来自己一定也要参加。于是,在博士二年级时,他报名参加了研电赛。

当时,清华有两个队伍参加,清华一队和清华二队,团队中既

图 11　徐宁仪受邀参加研究生创新系列赛启动会并发言

有微电子所的同学,也有电子系的同学,在合作做大题的时候,有比较强的综合能力。

"在准备阶段,学校对研电赛比较重视,有相关的培训课程,专门请电子系和微电子所非常厉害的老师给我们讲授每个知识点,相当于把整个集成电路的产业、各个技术比较深入的点,给我们全都过了一遍,对我来说这是一次非常大的提升机会。"徐宁仪讲道,"我觉得整个研电赛是一个导向,不仅仅是电源电路工艺,它还有一些系统级的思路,我们参加比赛在这些方面得到非常大的成长。"

准备研电赛过程中,徐宁仪发现从系统级往电路来映射中间互联的过程中,通信的问题一定要解决。因此,他在后来的博士课题中对这些方向进行了进一步的深入研究。

博士毕业后,徐宁仪进入微软,代表微软参与研电赛的企业命题。徐宁仪提到:"我出了一道实践中的题目,那道题非常难,我们在实际工作中跟美国总部一起合作,用了近半年时间才把那个问题解决好。它是把一个深度学习的网络放到 FPGA 上,然后中间有一个类似编译的问题,要为编译问题达到一个比较优的解。"

图 12　作为企业出题方，徐宁仪参观了解参赛项目

令他非常惊讶的是，现场有几十支队伍，有一支队伍的同学，现场就达到了。另外有几支队伍也做到了一个非常接近的成果。企业在研电赛中的确能发掘到非常厉害的人才，非常愿意为这些同学提供到企业实习的机会，实习之后成为全职员工这条路也是非常通顺的。

"对企业来说，能够提前锁定特别适合的学生；对学生来说，通过这个大赛能够接触当前产业最新的或者最难的一些技术，对学生和企业而言都是非常受益的。"徐宁仪指出，"研电赛的企业命题，让学校学生与企业近距离地接触，了解企业关心什么，它的导向是什么。此外，企业的点评，对学生是比较强烈的引导。集成电路是工程化、产业化特别明显的一个产业，这样可以带动一些基础研究。"

回顾研电赛，徐宁仪提及有一件事令他印象深刻。他讲道："参与研电赛命题组时，周老师请大家在一起命题。周老师等其他几位头发花白的老师们都亲自、认真地去解每一道题，大家一起对答案，商讨还有没有可能给出更好的答案，我觉得这是一种特别严谨的治学传统，对我们也是一种正面影响。在研电赛，这种治学传统通过命题、出题、做题、评审等环节还会再辐射到广大学子身上,这是一种非常好的传承。"

【带队老师＋组委会成员代表】

- **王志功 研电赛、创"芯"大赛评委,东南大学信息科学与工程学院博士生导师,东南大学射频与光电集成电路研究所名誉所长**。我国恢复高考后的第一批研究生,获东南大学硕士学位,德国波鸿鲁尔大学电子系获工学博士、博士后。1997 年回国,创建东南大学射频与光电集成电路研究所,1998 年获得"国家杰出青年科学基金",曾担任国家 863 计划光电子主题专家组专家、教育部高等学校电工电子基础课程教学指导委员会主任、国务院学位委员会学科评议组电子科学与技术组成员,以及中国侨联特聘专家。迄今已在国内外核心期刊和重要会议上发表论文 700 余篇,其中 SCI/EI 论文 500 余篇,出版专著 4 部、译著 6 部和教科书 15 本;获得各类专利 100 余项。

王志功老师接触研电赛时,研电赛已在清华大学办了 7 届。也因研电赛,王志功老师与周祖成老师结识。

王志功老师的研究方向与研电赛中的电路设计软件开发、集成电路与系统设计密切相关。他谈道:"从读研究生开始,40 多年的时间里,我一直与集成电路设计相关联。我非常敬佩周教授在电子设计人才培养方面的高瞻远瞩,从 90 年代就开始从电路的设计软件切入来培养人才,特别是创立了研究生电子设计竞赛,并一直坚持把大赛做大做强。"

研电赛不仅仅是学校的教学活动,也跟企业相关联。首届研电赛的支持单位是华为公司,当时牵头的是华为公司工号 002 的副总郑宝用。王志功老师提及:"郑宝用和我当年都在国家 863 计划的光电子主题专家组,非常熟悉。在华为和清华大学计划发起研电赛时,我就觉得这个大赛非常好,这不仅仅是高校的一个教学活动,按照现在的说法,它是把政、产、学、研、经相结合的一个活动,非常有意义。"

图 13　王志功老师作为研电赛评审委员会主任委员宣读决赛评审决议

研电赛前第七届在清华举办,在筹备第八届时,周祖成老师希望研电赛走出清华大学,走向更多的学校,惠泽更多的学生。周祖成老师把这个想法告诉了王志功老师后,王志功老师说:"我愿意来为大赛做出自己的一点贡献,把它办大。"

不过,承办大赛不是一个人也不是一个团队的事情,涉及的面比较广。于是,王志功老师向学校领导汇报。非常巧的是,当时东南大学主管研究生教育的校领导,是电子科学与技术学院的前院长,他非常支持,马上定下来下一届研电赛由东南大学来办。

就这样,2012 年第八届研电赛走出了清华,在东南大学榴园宾馆举办。参赛单位有 67 个高校,382 支参赛队伍,比第七届研电赛增加了近 100 支参赛队伍。

王志功老师与东南大学生物电子学国家重点实验室的吕晓迎教授,也是王老师的夫人,共同带领的团队也参加了本届大赛。参赛项目是通过电子信息与生物医学的结合,在北京和南京的两只蟾蜍之间构建一个通信的通路,搭建一个微电子神经桥的系统,让北京的蟾蜍腿动时把信号取出来,然后把这个信号通过当时的 3G 无线通信网传到网络上,然后在南京把这个信号接收后加到南京的蟾蜍的腿上。因此,当北京的蟾蜍腿动时,南京的蟾蜍就同步跟着动,实现神经共振。

图 14　王志功老师和夫人带队参加研电赛(后排左三)

这个项目获得了第八届研电赛唯一的特等奖。通过这一次举办研电赛,王志功老师跟周教授、其他学校的专家建立了密切联系,此后每一届的大赛他都配合周老师和其他老师一起来推进大赛。

研电赛不仅仅有高校的老师参与,还得到了来自华为、华大九天等很多企业的参与支持。

王志功老师提及,集成电路不仅仅涉及集成电路芯片的设计,也涉及集成电路的应用。在研电赛中,所用到的电子系统几乎都包含了芯片,如集成电路的研发设计和采用集成电路进行的电子系统的设计。每次竞赛,通过制定方向、题目设立、企业拟定的设计项目、参赛学生的商业计划书等,促进学界和产业界之间相互了解和融合。

随着研电赛的不断深入和扩大,参赛的项目类别越来越多,有物联网、智能家居、机器人等。2017 年,在研电赛下一届的筹备会上,王志功老师提议:"研电赛上,芯片的技术创新与系统的创新同台竞争,不能有效地展现出芯片参赛项目的价值。因为电子系统与应用结合的创新非常直观,而芯片尺寸只有芝麻大小,顶多一元硬币的大小,芯片上的创新基本上看不到,对其技术创新和价值很难评价。芯片创新能不能在研电赛的集成电路参赛项目中单独作为一个竞赛的赛道？这样有助于更有针对性地培养和选拔芯片人才。"

周祖成老师对王老师的提议非常赞同，在2017年的研电赛上，专门为集成电路芯片项目比赛所设的集成电路专业赛同期举办，这个大赛在中兴事件之前就开始推进。

第二年，2018年中兴事件发生，全国人民都知晓了我国芯片被卡脖子。为了加快芯片人才的培养和选拔，在教育部的支持下，集成电路专业赛从研电赛中完全分离出来，被命名为中国研究生创"芯"大赛，并被纳入研究生创新实践活动的系列赛事。

2018年，首届中国研究生创"芯"大赛举办，此后每年一届，到2022年已连续举办5届。"我们国家把核心芯片作为国之重器，我相信创"芯"大赛能够对我们国家集成电路的人才培养、科学研究和将来产品的研发起到推动作用。"王志功老师坚定地说道。

从第八届东南大学承办研电赛起，每一届研电赛及后来分离出来的创"芯"大赛，王志功老师都会全力支持，参与大赛的评审和完善赛制等。

图15　第十届研电赛评审会议（王志功 前排左五）

在第三届创"芯"大赛上，王志功老师被大赛组委会授予"最佳贡献奖"。王志功老师提及:"周老师现在年龄已经80多岁了,还一直冲在前方,我比他年轻些,愿意继续为大赛做些自己的贡献。"

- **刘一清 研电赛组织老师,华东师范大学通信工程专业责任教授,双创中心主任,博士生导师**。现任上海市电子学会秘书长,中国电子学会教育工作委员会委员。曾任华东师大通信工程系主任,拥有10年企业工作经历,历任设计工程师、国家"95攻关"项目技术负责人、创业公司总经理、合资公司技术副总等职;主讲的"数字电路"获评上海市一流课程;开设"通信工程精英教育实践班",设立"百名ICT优秀工程师培养计划"致力于顶尖工程师的培养;获上海市育才奖、上海市五一劳动奖章等。

图16 刘一清老师和学生在实验室

刘一清老师曾在产业界工作15年,从设计工程师做起,担任过开发部经理、技术副总等职,跟日本、美国、德国的工程师有过合作经历;也在张江高科技园区创过业,担任总经理。这些人生经历使他意识到ICT人才对于公司和社会的重要性。刘一清在接触到研电赛后,觉得这是非常好的人才培养的摇篮,是对传统研究生教育的补充。

研电赛走出清华大学后交由中国电子学会主办,2019年刘一清担任上海电子学会秘书长时,开始带领上海电子学会参与研电赛上海赛区的承办工作,让竞赛推进与学会发展相结合,也让更多学会的企业会员接触和了解研电赛,多方结合助力研电赛,以期达到更好的效果。

上海举办第十一届研电赛之际,刘一清考虑到上海的大学比较集中,也是除北京之外高校最多的城市;同时上海电子信息产业也非常集中,便产生了一个想法:"上海能否申请为研电赛一个独立的赛区,如果能成为研电赛的第八个赛区,就可以利用上海的产业特点与企业紧密协作,让企业看到大赛的牵引作用,企业肯定会非常愿意支持大赛。"

于是,他向周祖成老师提议,周老师很认同这个提议,但也提到"举办竞赛是很不容易的,红旗能扛多久……"。刘一清老师非常坚定地表态:"周老师,无论如何我想办法,我们要把研电赛在上海做起来。"

刘一清老师向上海当地政府、上海教委、学位办申请沟通,前后投入三四个月,最终在当年就把上海赛区成为独立赛区的事宜落实。他提及:"我们做老师的,育人是我们的第一职责,我们在课堂上育人,在科研上育人,这个竞赛也是在育人。"

图17　刘一清老师带队参加比赛并获奖(左一)

刘一清老师指出，让学生在研究生阶段，参加研电赛及后面独立出来的创"芯"大赛，是专业能力培养计划中重要的一环。学生大四确定读研就可以参加研电赛，做一些辅助性的工作；研一时，就可以作为主力队员参赛；研二时，就可以作为队长来规划系统参赛。在参加研电赛和创"芯"大赛的过程中，学生能循序渐进、全面地成长起来。这样成长起来的学生，毕业进公司不用培训就能直接作为主力工程师参加项目。

他谈道，研电赛强调的是设计一个完整的系统，这个系统既要有硬件也要有软件，是软硬结合，还要有创新性，实实在在能够演示，这需要参赛团队紧密协作，把理论和实践相结合。参加研电赛既可以培养参赛学生的实践能力，又可以加深他们对理论的理解，使他们学得更好，理解得更深、更透。

同时，要设计一个完整的电子系统首先要选准目标，用专业语言描述出来，然后用理论支撑去计算、分析、找方案，将 EDA、算法、专业工具等串起来使用，再实实在在做出来，确保系统正常运行。这让学生的思维方式从点、线、面、体延伸至多维，对参赛学生来说是一个非常好的思想成长过程，同时还培养了他们的团队协作精神，这也是一个自我管理和项目管理的训练过程。

- **曾晓洋 研电赛带队老师，复旦大学特聘老师**。长期从事高能效系统芯片研究与应用开发工作，在新型系统芯片架构、硬件友好型算法优化、混合信号链电路、低功耗芯片技术等领域获得多项创新成果并实现产业化应用，获得良好的经济和社会效益；已经培养了超过 100 位博士/硕士研究生，多位学生参加各类创新大赛并获得优异成绩。本人曾获全国研究生电子设计竞赛优秀指导老师称号。由于曾晓洋老师在学术研究与人才培养方面的成就，因此获得国家杰青、长江特聘老师、万人领军人才、CIE Fellow 等荣誉称号。

图 18　曾晓洋老师

2005 年，中国集成电路的产业已经起步了，但是不像现在这么受大众关注。曾晓洋谈及当时的情景："当时我也是刚到复旦大学不久，作为一个年轻的老师，充满激情、干劲十足，荣誉感特别强。当学校交给我这项任务时，微电子系和专用集成电路与系统国家重点实验室都非常重视，我作为其中一员，尤其是作为青年老师，觉得有责任带领复旦的学生在大赛中取得好成绩。"

在前几届的比赛中，复旦大学的成绩非常不错，当把担子交给曾晓洋时，他希望能够再创佳绩，于是就想方设法地去选拔优质学生，对他们进行系统的培训，进行竞赛模拟，帮助他们提前适应比赛环境。

他们在复旦大学进行宣讲。曾晓洋谈到选拔的过程："当时我还担心报名人数会不够。通过宣传比赛获奖的一些好处后，我们吸引来很多同学报名。我印象特别深刻的是第一届，报名人数出乎意料的多。不过，我们只能选 8 个学生，每三人一队，共 2 队，然后另外两人作为后备队员。"

曾晓洋组织报名同学在校内进行选拔，考核包括笔试、上机考试，以及由一些资深老师组成的面试组的面试。选拔完成后，复旦大学对候选队员进行了针对性的培训,包括专业知识培训、技能培训,还有一个类似于模拟竞赛的考试。经过几个月的精心准备,复旦大学代表队才去参加这次大赛。

回顾带队的体会,曾晓洋讲道:"在我几次带队经历中,复旦大学都取得了不错的成绩。其实比赛的成绩好不好和重不重视、有没有进行系统的培训,有密切联系。"

图19　曾晓洋老师在研电赛颁奖典礼上(右一)

虽然比赛已经过去了很久,但是给他留下了很多有趣的回忆。他分享到:"当年充满激情的岁月,为了一个名次,我们还和周老师的学生们争论得面红耳赤,吵架吵得不亦乐乎,但就是在这样一次次的争吵中,我和周老师的关系越来越近。在当年的比赛中,激情也是一个非常关键的因素。"

同时,作为一个老师,他觉得应以这种竞赛为契机,去思考集成电路的人才该怎么培养,科技该如何创新。现在是大国竞争的时代,在集成电路这样的产业大背景下,无论是在做科学研究、人才培养、还是服务社会,科技竞争肯定是一个核心的焦点。中国集成电路现在仍然有很大的进步空间,许多高科技面临"卡脖子"难题。无论是在整个科技创新方面还是人才培养方面,都要去思考一些问题。

就像复旦大学坐落在上海,而上海是一个集成电路产业链比较全、也比较聚焦的地方,复旦大学张江校区就在高科技园区里面,离中芯国际大约2.3公里。"这就引发我们的思考,我们应该在科技创新上面做些什么?我觉得其中有一个比较重要的点就是科技创新需要闭环,尤其是在科学研究方面和技术创新方面,如果不闭环的话,可能对整个产业最终的贡献是有限的,很难有显示度。但如果把它做成闭环,对产业的贡献将大大增加。"曾晓洋谈道。

"研电赛是人才培养的一种方式,如范益波老师,他当年是我的学生,也参加了研电赛并且拿到了冠军,后来他成为一名老师之后,也在做科技创新。"

"科技创新的技术难点是什么?其实我一直认为,在集成电路领域里面,很多研究的主题应该来自应用的驱动,而不是在故事堆里找素材。"曾晓洋指出,"当然通过查阅文献去了解尚未解决的问题是很有必要的,但是除此之外,更要去关注应用的需求在什么地方。"

科技创新,其中科技是指科学和技术,科学是发现,技术是创新。他表示,"这是两件事情,我们不要止步于做一些高大上的研究,更应该强调研究和应用要闭环,这是我对科技创新的一个理解。作为大学老师,在对博士研究生教育时,我会更多地去鼓励学生自己探索并解决遇到的问题。"

- **贺光辉 上海交通大学微纳电子学系教授,副系主任,博士生导师。**主要从事集成电路教学与科研工作,获批上海市一流课程,指导学生获集成电路学科竞赛特等奖3项、一等奖5项。研究方向是高能效数字系统芯片和高算力Chiplet芯片互连技术,主持多项国家级项目,在电路与系统权威学术期刊和会议上发表了70余篇学术论文。曾获国家教学成果二等奖、全国高校青年教师教学竞赛一等奖、上海市五一劳动奖章、上海市教学成果特等奖、北京市技术发明二等奖等多项荣誉。

图 20　贺光辉老师和他的参赛队员(左一)

贺光辉指导学生参加研电赛和创"芯"大赛,多次荣获大奖。在清华大学读书时,他对大赛就比较了解:"因为我的导师就是周祖成教授。研电赛从清华大学发起,我在清华大学读书的时候就对老师的研电赛有所了解,后来刚好来到交大,在 2009—2010 年,就开始组织参赛了,这也是展现交大学生风采的一个机会。"

作为带队老师,在组织学生准备比赛的过程中,贺光辉谈到,创"芯"大赛在集成电路方面非常专业,上海交大对此非常支持。老师能够通过比赛知道现在行业的最新发展情况,能够促进教学,了解如何把行业发展前沿技术融入教学。学生能够增强从工具到系统上的认知,在无形当中提升动手实践能力。

通过多次带队,他总结发现:"每一次比赛中,上海交大的学生笔试成绩是非常好的,这就离不开交大对专业基础教学工作的重视。"

为了培养学生的创新能力,贺光辉从多个方面入手:一方面,在课堂上,他把一些前沿的科研知识通过课程讲授传递给学生。另一方面,他让研究生通过具体的科研项目实践,来提升创新能力。

"培养需要一个长期的过程,老师需要有一个很好的把握,注重对学生们因材施教。只有了解到学生们的个性和兴趣,才能够和学生们一起去做这种提升。"他指出,"科研和教学是分不开的,行业里有个说法,集成电路行业里面先进的知识除了基础研究之外,就应该在企业里面。"

贺光辉在教学实践中非常有意识地推进产教融合,他将科研项目和企业进行合作,并在他的课堂上邀请企业专家,站在企业的角度和学生们分享。例如,AI 芯片设计中的硬件及它的工具链应该怎么去考虑。他谈道:"学生们对这种教学方式的反馈非常不错,因为它使学生们在学校象牙塔内就能够了解企业第一线,满足他们想了解真实 AI 芯片的需求。"

学生们的正向反馈,让贺光辉在科研和教学中更加注重学生基础研究、创新能力和产业实践的综合提升。

【大赛支持企业代表】

- **黄国勇** 毕业于清华大学计算机科学与技术系,博士。长年从事集成电路电子设计自动化软件的开发和管理工作。曾出任多届竞赛命题评审委员会副主任,代表华大进行企业出题,现为国微芯科技 CTO。

图 21　黄国勇作为命题评委在评审现场

研电赛的目的是给广大研究生提供一个互相切磋的比赛场合，加深企业与大学之间的合作。

黄国勇在华大时，代表华大参与研电赛的企业出题。企业出题并不是一件简单的事，他谈道："出什么题目，要考虑到学生的水平，能在 10 个小时之内解决，不要涉及太深、太广的知识，同时又要有一定的高度，实现比赛拉开参赛者距离的目的，非常考验出题者的能力。"

他们在公司内部广泛征集电路方面的设计问题，有些是已经解决的，有些是尚未解决的，然后进行提炼出来，并参考教科书的例子，做一定的改造，如要求添加测试方案、估算电路面积等内容。之后，他们还会请资深工程师进行解题作答，做出赛题的参考答案及评分标准。

比赛结果是百花齐放，几乎没有相同的实现方案，但最终都能达到设计的基本要求。这说明参赛者的水平很高，赛题也给他们提供了发挥能力的空间。在评分时，还发生过评委们争执不下，又连夜去赛场实验室上机检查的情况，这也说明大家对大赛极为重视、也极为追求公平、公正。

黄国勇谈道，众多老教授、老专家为赛事出题出力。北京航空航天大学的夏宇闻教授，刚开始是带队参赛，每次都对赛题提出"尖锐"的批评和宝贵的意见。后来，组委会聘请他出任评委及出题人，大大提高了赛题与大学教学的衔接水平。北京集成电路中心的王正华研究员，参加出题评审之后，决定在当时的内刊《集成电路设计》上刊登比赛的题目及解析，为此各个高校纷纷索要，导致一书难求。

作为 EDA 工具的提供商，希望参赛者使用自己的工具完成赛题，增加企业及 EDA 工具的知名度，是各个赛事赞助商的目的之一。但如果之前企业没有在大学做相关推广，学生对其 EDA 工具使用不广泛，在比赛时就很少会选用，达不到企望。因此，企业需要在高校中推广 EDA 工具，再结合相关比赛，则效果会更佳。

- 徐平波（Bob Xu）退休前为美国 ALTERA 中国区大学项目

经理。此前曾就职于美国国家半导体公司，任华东区首席代表。在 ALTERA 期间，三次支持和赞助研电赛，并举办大学教师会议、FPGA 教师培训班、ALTERA 大学生创新设计大赛。2011 年 10 月，在推动 ALTERA 与国内 90 多所高校建立第 100 个联合实验室后，宣布正式退休。ALTERA 曾为全球第二大 FPGA 芯片巨头，2015 年被英特尔以 167 亿美元收购。

图 22　徐平波（左三）

2003 年，徐平波加入 ALTERA 主管大学计划，那一年他正好 57 岁，他希望能够在退休以前把大学计划搞好，投入大学教学，这是一个很有意义的工作。

负责大学计划后，徐平波走访了很多学校，在此期间他遇到了周祖成老师。"我被周老师的执著精神所打动。当时周老师跟我提出，现在在中国有一个研究生的电子设计竞赛，但碰到一个瓶颈，那时候大赛刚举办过第四届，当时由于后续的资金问题，一下子办不下去了，周老师就跟我讲，看看能不能支持一下。"徐平波回忆起当年的情景。

当听了周老师的介绍后，徐平波觉得这个研究生的赛事是一个高层次的大赛，很有意义。于是他直接汇报给公司亚太区总裁，公司非常支持。他提到:"当时,ALTERA 每年有一个全国大学教师会议,我当时在想假如把大学教师会议跟研究生电子设计竞赛结合在一起,就可以把那里的资金给移过来,这样大赛的费用就可以解决了。"

就这样定下来后,ALTERA 在 2004 年开始筹备第五届研电赛,2005 年举办。当时参赛人数还不太多,只有 40 多个学校,70 多支队伍。

徐平波欣慰地谈道:"我们公司的大学教师会议覆盖 100 多所大学,两个活动相辅相成。很多大学老师看到研电赛后,非常感兴趣表示也要参加,于是参加教师会议的老师又带队参加了研电赛。现在看来,当时做的决定是非常好的。"

图 23　徐平波为获奖团队颁奖(右一)

后来,徐平波又推进 ALTERA 公司赞助冠名了第七届研电赛和第八届研电赛,在与大学教师会议打通后,研电赛的参赛队伍从第五届的 70 多支队伍增加了 200 多支队伍,规模迅速扩大。

对于支持研电赛的收获,徐平波表示:"有更多的学校加入 ALTERA 的大学计划,我们大学教师会议的队伍也开始成倍增加,已有 300 多位高校教师参会。"

令他印象非常深刻的一件事是,当时西藏大学也参加了 ALTERA 的教师会议,他们找到徐平波,希望他们学校也能加入

ALTERA 大学计划，建立联合实验室。徐平波提及："当时他们还没有和任何国外公司合作，我们就作为第一家外企到西藏大学办联合实验室，提供软件、开发系统等。学校非常感谢我们，说我们给学校提供了一个接触国外先进技术的窗口，当时西藏电视台都来报道了。"

令徐平波感到欣慰的是，当时很多老师跟他讲，接触了好多企业搞大学计划、搞联合实验室，认为他们公司做得是最成功的。他表示："我们当时就是想通过大学计划来扩大影响，有些公司是想通过大学计划来卖产品。所以很多学校接触我们后，发现我们是真金白银来支持高校的。我也很高兴，与很多学校老师变成很好的朋友。"

同时，通过冠名赞助研电赛，公司的影响力在国内高校得到很大程度的提升。"有一次 ALTERA 公司总裁到北京参加美国半导体协会举办的会议，当时正好我们要与北京工业大学建立联合实验室，总裁也参与了这个联合实验室的仪式，当时学校请中央电视台前来报道，我们总裁不仅在此了解到中国高校对 FPGA 的需求，也接受了媒体的采访，老师和学生在实验室与他合影，他非常开心，后面就更加支持中国的大学计划。"

关于产教融合，徐平波谈到自己的体会："我从 2003 年开始搞大学计划，以后的几年，公司的销售业绩是增长迅速。好多学生在学生时期用到公司的产品，工作后会把公司产品设计进去，这样产品需求量就会增加。一定要让企业在这方面有所体会，大学实际上就是我们企业的后方、企业的支撑，所以我们也一定要给予大学很多的支持才行。作为企业界中的一员，我觉得一个企业要想有后劲，要想有发展，一定要有教育上面给与的支持。一旦学校里面的教学和研究用到你公司的产品，你公司的产品后劲将是无穷的。"

- **何军 兆易创新**（兆易创新科技集团股份有限公司，GigaDevice）成立于 2005 年，总部设于中国北京，并于 2016 年 8 月在上海证券交易所成功上市，目前拥有超过

1500名员工,定位于开发存储器术、MCU和传感器解决方案的无晶圆厂半导体公司,在北京、上海、深圳、合肥、香港等国内多个城市,以及美国、韩国、日本、英国、德国、新加坡等多个国家设有分支机构和办事处。兆易创新GD32 MCU是国内高性能通用微控制器领域的领跑者,国内最大的Arm MCU家族;兆易创新在国内首家推出Arm Cortex-M3、Cortex-M4等内核通用MCU产品系列,并在全球首家推出RISC-V内核通用32位MCU产品系列。以累计超过13亿颗的出货数量、超过2万家客户数量,以及41个系列、500余款产品选择所提供的广阔应用覆盖率位居中国本土首位。

图24 兆易创新从2018年开始连续对研电赛总冠名

早期,全球MCU正处在一个从8位朝32位的转型阶段,国内芯片企业主要做消费领域的8位MCU。兆易创新是国内第一家做32位MCU的企业,且主攻工业应用领域。与消费领域相比,工业产品门槛更高,对产品的可靠性、稳定性要求非常、技术难度也更大。

虽然兆易创新32位MCU在产品的架构、速度等方面进行了创新,并优于国外同类产品,然而在当时,国产替代之路并不顺利。

在 2019 年美国制裁华为之前,国内整机企业对国产的芯片并不太接受。此外,当时国内芯片人才极为稀缺,非常缺乏 32 位 MCU 的工程师。

兆易创新看到一些国外企业在大学计划方面投入的精力非常大。学生在高校就已经了解到企业的产品,进入产业界后,自然就会使用熟悉的产品。

在这样的背景下,虽然兆易创新的 MCU 产品当时还没开始营利,但兆易创新毅然开始在大学计划方面进行投入。

2016 年,兆易创新去南京做校园招聘时,正好遇到研电赛在南京举办总决赛,得知周祖成老师也是清华电子工程系的教授,是兆易创新这块工作负责人的老学长,觉得非常投缘,大家在产业界与教育界的合作上都有相同的理念,于是兆易创新开始与研电赛合作。

当时高校教学上主要用 8 位 MCU,很少用到 32 位 MCU,与产业界处于一种脱节的状态。兆易创新在研电赛企业命题上,出的设计题是用 GD32 MCU 设计竞赛项目。学生通过参加研电赛,有机会接触到 32 位 MCU 及国内 MCU 产品,也因此知道了兆易创新的品牌,成为了潜在用户。

兆易创新从研电赛中收获颇多,有次他们去拜访客户时发现,客户的很多研发骨干曾在研究生阶段参加过研电赛,用过兆易创新的 32 位 MCU 设计参赛项目。这些学生通过比赛知道兆易的产品质量与国外同类产品相比没有差距,有些参数甚至更优。等他们毕业参加工作后,在负责项目产品选型时,就很自然、也很愿意地使用兆易创新的 MCU。

此外,兆易创新也从研电赛招聘人员,甚至公司 HR 只需要前往研电赛,不需要技术人员陪同,就可以招收非常对口的优秀人才。

与研电赛合作,使得兆易创新的发展不断迈上新台阶。从兆易创新 MCU 历年的销量也足以证明,兆易创新第一年的 MCU 卖了 30 多万颗,后来卖出 300 万颗,再后来卖出 2000 万~3000 万颗。

此外，在 2021 年全球芯片大缺货时，业界最缺的是工业类 MCU 等芯片。兆易创新在产品设计之初进行创新，将他们的 NOR FLASH 和 MCU 两个芯片集成到一起，区别于传统 MCU 的设计。他们通过这种新方式扩大了 MCU 的产能，在全球芯片大缺货时，能够大规模地出货，不仅满足了产业界的芯片需求，避免了 MCU 的缺口变得更严重，而且也助公司朝前逆流而上。对此，兆易创新感到非常欣慰，更加坚信了创新的力量、产教融合的力量。

2023 年是兆易创新连续第六年对研电赛进行总冠名，他们见证了研电赛竞赛规模与参赛人数屡创历史新高，也见证了越来越多的优秀人才和应用 GD32 MCU 最新技术的创意作品从大赛中脱颖而出。从报名到分赛区选拔，再到全国总决赛，在长达半年的竞赛周期中，研电赛不仅提升了高层次人才特别是研究生群体的创新动手实践能力，更通过以赛代练的方式直接为产业培养和输送优秀人才。当前，"兆易创新杯"研电赛已成为高校及科研院所研究生创新创业教育的重要推动力量。

兆易创新以研电赛为切入点来推进产教融合。他们起初是从企业维度来考量，最后在教育产业、国家人才培养方面也发挥了作用，这是超出他们的意料，也颇感欣慰。

兆易创新坚信，如果初心是对的，相信结果一定会是好的。

- **余涵 北京华大九天科技股份有限公司（以下简称"华大九天"）业务合作高级总监，负责华大九天的产教融合、生态建设、对外技术合作等业务，曾为研电赛一等奖获得者。** 北京航空航天大学硕士，高级工程师。此前在华为海思新加坡研究院担任模拟/射频 IC 设计经理。在华大曾参与或主持模拟混合信号 EDA 全流程系统的架构设计，SoC 时序解决方案、高性能全仿真方案的技术推广等。社会任职包括"2022 国家微纳电子学重大科技专项"评审专家，"教育部产学合作协同育人专家组"专家，广东省电子设计自动化工程中心主任等。曾在 IEEE-DAC、ACM-GLSVLSI 等发表 10 余篇文献。

华大九天成立于 2009 年，聚焦于 EDA 工具的开发、销售及相关服务业务，致力于成为全流程、全领域、全球领先的 EDA 提供商。产品和服务主要应用于集成电路设计、制造及封装领域。截至 2022 年 12 月 31 日，公司已获得授权专利 237 项、已登记软件著作权 106 项。公司拥有研发技术人员 800 人，占公司员工总数的 76%。研发团队研究生以上学历占研发人员总数的 66%。华大九天总部位于北京，在南京、上海、成都和深圳设有全资子公司。

图 25　余涵

EDA 涉及的面特别广，从产业层面涉及设计、制造、封测；从学科层面，涉及数学的知识、算法的知识、电学的知识，属于一个交叉学科。而 EDA 的人才国内也非常缺乏。

余涵指出："EDA 工具前 1/3 是研发，后 2/3 是要靠迭代打磨，这是一个必不可少的过程。"

2019 年，华大九天成立了专门的团队推进产教融合，在创"芯"大赛的企业出题方面，华大九天将新推出的工具产品切入进去，让参赛学生能够第一时间接触国内最新的 EDA 工具。余涵举例道，2020 年，公司器件建模的方向产品刚刚出来，这是国产 EDA 中的非常重要的产品，是 EDA 工具、芯片制造和芯片设计三者之间的桥梁。如果器件本身的方程式是不准确的话，用它来搭建电路，就好比用坏的基本砖块搭建房子，这个房子最后就会塌掉，所以这是半导体非常基础的一个工作。"

余涵讲道:"这么一个重要的工具,我们当时考虑首先让它来支撑研电赛,我们也希望通过研电赛让大家来试用,从而发现问题、反馈问题,帮助我们提升工具的稳定性。"

从2020年到2022年这三年的时间,华大九天基本上都是出建模方向的赛题。

"有一届大赛,参赛学生帮我们工具找到了10多个重要的问题。我们把它们好好地统计下来,这些问题的确帮助我们提高了产品的鲁棒性。"余涵提到。

余涵谈道:"支持大赛、参与大赛企业出题,一方面普及了我们的EDA工具,另一方面将EDA研发中遇到的问题,放到大赛中,参赛团队想到的解决方法有时比我们的效率还要高、解决的性能还要好,我们的收获非常大。"

当前,华大九天多层面地推进产教融合,助力国内EDA工具的普及和EDA人才的培养。一是支持大赛,如研究生阶段的创"芯"大赛及本科阶段的相关大赛;国内凡是跟集成电路相关的赛事,华大九天几乎都有支持,这种支持包括出题、参与评审等。二是与一些高校的课题合作。三是把已经成熟的EDA系统做成教材和实验包推广到学校。四是与高校联合培养人才,每年有20~30位研究生,在研二到华大九天实习,了解产业第一线的情况和需求,提升实践能力和综合能力。

- **乔劲轩 格科微有限公司(以下简称"格科微")研发副总裁、校企合作及竞赛事务负责人、创"芯"大赛专家委员会委员,研电赛企业命题专家。** 乔劲轩带领研发团队完成了多款国内首颗CMOS图像传感器的研发工作,多次承担重大科研项目的研发工作,在行业内创造性地提出了解决图像传感器固有的行噪声和串扰问题的新方法,将公司的图像传感器产品噪声性能提高到行业领先水平,并拥有数十项图像传感器相关领域的授权专利。

格科微是中国领先的CMOS图像传感器芯片、DDI显示芯片设计公司,产品广泛应用于全球手机移动终端及非手机类电子产品。格科微长期支持研电赛、创"芯"大赛等赛事,促进产教融合,推进国内芯片人才培养。

图26　乔劲轩作为评委倾听参赛队员路演

格科微从2017年研电赛设立的集成电路专业赛开始支持大赛,当时支持的初衷正是董事长赵立新,也是清华校友,他意识到在人才培养上,学术界和产业界存在一些脱节,想通过比赛拉近学术界和产业界的距离。

作为格科微校企合作及竞赛事务负责人,乔劲松担任创"芯"大赛专家委员会委员,同时他也是研电赛企业命题专家。研电赛和创"芯"大赛有两个环节令他印象深刻,一是大赛有动手环节,即上机比赛;二是企业命题。

他指出:大赛上机比赛题目由企业命题,通过这样的方式,企业能够将在产业界碰到的一些问题展现给学生和老师,通过学生来解题,实现产教之间的连接。

关于企业命题环节,乔劲轩谈到:"企业命题里面一定要有混合信号的内容。在学校里,老师跟学生接触混合信号会偏少一些;但是从一定意义来讲,产业界有很多设计都是一个系统,那就是混合信号。从这个角度出题时,刚开始很多学生和老师不太适应。

大赛的企业命题环节,使学校师生有机会了解产业界面临的实际问题。"

格科微从2017年至今一直从研电赛支持到创"芯"大赛,乔劲轩在参与的过程中有一个最大的体会,就是看到参赛的学生水平逐年在提升。他指出,比赛形式实际上是要求学生能够在整个学习阶段及项目准备过程中,瞄准产业界所需要的东西,通过参赛进行再次历练。尤其是在混合信号这方面,从一开始做得不那么符合预期,到现在水平有了很大的提升。

除了支持大赛以外,格科微每年都会在大赛上进行现场招聘。乔劲松提到:"在大赛期间,我们会面试一些优秀的同学,很多学生取得了格科微的专项奖及大赛的奖项。过去几年从大赛招募的优秀学生现在已经成为了格科微的中坚力量。非常感谢大赛对我们企业的人才输送。"

通过支持研电赛和创"芯"大赛,格科微持续深入推进产教融合。乔劲轩指出,除了支持大赛之外,他们也与高校建立联合实验室、项目合作,让学生能够拥有企业层面的指导老师,在学生的培养过程中,让他们能够接触、了解产业和企业层面的信息和诉求;此外,格科微在做从无晶圆厂(fabless)到轻晶圆厂(fablite)的转型,给在校老师和同学提供了实践的平台,使他们能够去真正接触从芯片设计到生产制造、封装测试的整个流程,使学生对产业链有一个全方位的了解,提升学生全方位的竞争力。

乔劲轩指出,当前,国内集成电路行业经过了这些年的发展,已经具备了一定的根基,能够吸收养分实现自我成长。实现自我成长,需要企业和学校能够更好地融合,共同培养所需要的芯片人才。

在产教融合上,一方面,企业要给学校提供实践的平台和机会,把产业界面临的真正问题带给高校。另一方面,学校要让学生在学习过程中有一定的工程实践,让学生在学校课程中学到知识后,再到产业界增长见识,这样学生才可能更好地消化、吸收知识,并学以致用。

乔劲轩认为，中国的 IC 企业已经过了生存的关口，D（开发，development）做得很好的时候，其实在 R（研究，research）上就要更下功夫。企业要想在 R 上下功夫，就要把自己的内功练好，找到一个适合企业自身的方式，更主动地与学术资源做融合。

附录 2

中国研究生电子设计竞赛发展历史

中国研究生电子设计竞赛(以下简称"研电赛")是由教育部学位管理与研究生教育司(国务院学位办公室)指导,中国电子学会、中国学位与研究生教育学会、中国科协青少年科技中心联合主办的"中国研究生创新实践系列大赛"主题赛事之一。

研电赛是面向全国在读研究生的一项团体性电子设计创新创意实践活动,是在全国高校及科研院所中具有广泛影响力的主流赛事,其目的在于推动电子信息类研究生培养模式改革与创新,培养研究生创新精神、研究与系统实现能力、团队协作精神,提高研究生工程实践能力,推进人才培养和技术研发的国际化,为优秀人才培养搭建交流平台、成果展示平台和产学研用对接平台。

自 1996 年首届竞赛由清华大学举办以来,研电赛始终坚持"激励创新、鼓励创业、提高素质、强化实践"的宗旨。

从第七届起,研电赛扩大为由国务院学位办全国工程硕士专业学位教育指导委员会和中国电子学会共同主办。除继续邀请高校和科研院所参赛以外,研电赛还邀请了中国港澳台地区及环亚太各国和地区的代表队参赛。

从 2014 年第九届起,研电赛每一年举办一次。

第一届

"华为杯"首届全国研究生电子设计竞赛

主办单位：中国电子学会
承办单位：清华大学研究生院
冠名赞助：深圳华为技术有限公司
协办单位：中国华大集成电路设计中心
竞赛时间：1996 年 8 月
竞赛地点：北京·清华大学
参赛单位：（共 10 个参赛单位、13 支参赛队伍）

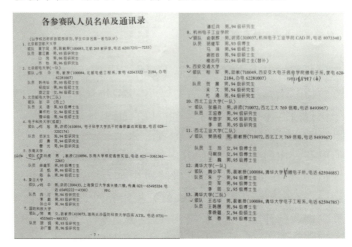

图 27　参赛队伍名单

竞赛命题评审委员会主任：侯朝焕（中国科学院院士、声学所副所长）

图 28　侯朝焕院士

本届竞赛团体冠军单位：复旦大学
本届竞赛个人冠军姓名：周　汀

第二届

"华大杯"第二届全国研究生电子设计竞赛
主办单位：中国电子学会
承办单位：清华大学研究生院
冠名赞助：中国华大集成电路设计中心
赞助单位：深圳华为技术有限公司
　　　　　清华同方股份有限公司
　　　　　Synopsys 公司
　　　　　Cadence 公司
竞赛时间：1998 年 8 月
竞赛地点：北京·清华大学
参赛单位：（共 17 个参赛单位、26 支参赛队伍）
　　　　　清华大学
　　　　　北京大学
　　　　　北京航空航天大学
　　　　　北京理工大学
　　　　　电子科技大学（成都）
　　　　　复旦大学
　　　　　国防科技大学
　　　　　哈尔滨工业大学
　　　　　华中理工大学
　　　　　四川联合大学
　　　　　天津大学
　　　　　武汉大学
　　　　　西安电子科技大学
　　　　　西北工业大学
　　　　　中国科学院声学所

中国科学院微电子中心
中国科学院电子所等

竞赛命题评审委员会主任：倪光南（中国工程院院士、全国政协委员、中国科学院计算技术研究所研究员）

本届竞赛团体冠军单位：复旦大学

本届竞赛个人冠军姓名：付宇卓

第三届

"华为杯"第三届全国研究生电子设计竞赛

主办单位：中国电子学会

承办单位：清华大学研究生院

冠名赞助：深圳华为技术有限公司

协办单位：清华大学研究生团委
　　　　　清华大学研究生会

赞助单位：清华同方股份有限公司
　　　　　北京清华同方软件股份有限公司
　　　　　Synopsys 公司
　　　　　Cadence 公司
　　　　　Menter Graphics 公司

竞赛时间：2000 年 8 月

竞赛地点：北京·清华大学

参赛单位：（共 21 个参赛单位、35 支参赛队伍）
　　　　　北京大学
　　　　　北京航空航天大学
　　　　　北京邮电大学
　　　　　北京理工大学
　　　　　哈尔滨工业大学
　　　　　清华大学
　　　　　天津大学
　　　　　复旦大学

　　　　电子科技大学(成都)
　　　　南京大学
　　　　南京邮电大学
　　　　西北工业大学
　　　　武汉大学
　　　　华中理工大学
　　　　国防科技大学
　　　　华南理工大学
　　　　西安电子科技大学
　　　　重庆大学
　　　　西安交通大学
　　　　中国科学院微电子中心
　　　　中国科学院计算所等
　　竞赛命题评审委员会主任：侯朝焕(中国科学院院士、声学所研究员)。
　　本届竞赛团体冠军单位：清华大学
　　本届竞赛个人冠军姓名：孙雪俊

第四届

"鹏城杯"第四届全国研究生电子设计竞赛
主办单位：中国电子学会
承办单位：深圳市科技局
　　　　深圳清华大学研究院
协办单位：北京大学深圳研究生院
　　　　深港产学研基地
　　　　IEEE-SSCS 北京分会
　　　　清华大学深圳研究生院
赞助单位：深圳华为技术有限公司
　　　　深圳市国微电子股份有限公司
　　　　深圳市亚科希资讯有限公司

深圳市中兴通讯股份有限公司
Synopsys 公司
Cadence 公司
Mentor Graphics 公司

竞赛时间：2002 年 8 月
竞赛地点：广东·深圳
参赛单位：(共 29 个参赛单位、47 支参赛队伍)
北京交通大学
北京大学
北京航空航天大学
北京理工大学
北京科技大学
北京邮电大学
电子科技大学
东南大学
复旦大学
国防科技大学
桂林电子工业学院
哈尔滨工业大学
华南理工大学
暨南大学
南京航空航天大学
南京理工大学
南开大学
清华大学
四川大学
山东大学
上海大学
汕头大学
深圳清华大学研究院

武汉大学
西安交通大学
西北工业大学
厦门大学
中国科学院微电子中心
浙江大学等
观摩单位：吉林大学
兰州大学
上海交通大学
深圳大学

台湾新竹清华大学由教授带队，有3名队员组团观摩。

竞赛命题评审委员会主任：倪光南（中国工程院院士、全国政协委员、中国科学院计算技术研究所研究员）

本届竞赛团体冠军单位：清华大学

第五届

"Altera 杯"第五届全国研究生电子设计竞赛
主办单位：中国电子学会
承办单位：清华大学研究生院
冠名赞助：Altera 公司
协办单位：清华大学研究生团委
清华大学研究生会
赞助单位：深圳华为技术有限公司
清华同方股份有限公司
北京清华同方软件股份有限公司
Synopsys 公司
Cadence 公司
Menter Graphics 公司
竞赛时间：2005 年 8 月
竞赛地点：北京·清华大学

参赛单位：(共 42 个参赛单位、71 支参赛队伍)
  电子科技大学
  北方工业大学
  北京交通大学
  成都理工大学
  东北大学
  桂林电子工业学院
  国防科学技术大学
  哈尔滨工业大学
  华南理工大学
  华侨大学
  华中科技大学
  吉林大学
  江苏大学
  南京航空航天大学
  南京理工大学
  上海大学
  上海海事大学
  天津大学
  同济大学
  西安邮电学院
  西北大学
  西北工业大学
  西南交通大学
  信息工程大学
  中国传媒大学
  中国科学院微电子研究所
  中国矿业大学
  中山大学
  重庆大学

亚东技术学院(台湾)
武汉大学
东南大学
山东科技大学
西南科技大学
厦门大学
上海交通大学
汕头大学
杭州电子科技大学
地质大学
复旦大学
西安电子科技大学
清华大学等

观摩单位：湛江大学

竞赛命题评审委员会主任：倪光南(中国工程院院士、全国政协委员、中国科学院计算技术研究所研究员)

本届竞赛团体冠军单位：复旦大学

本届竞赛个人冠军姓名：马立伟

第六届

"Synopsys 杯"第六届中国研究生电子设计竞赛

主办单位：中国电子学会

承办单位：清华大学研究生院

冠名赞助：Synopsys 公司

赞助单位：Altera 公司

竞赛时间：2008 年 8 月

竞赛地点：北京·清华大学

参赛单位：(共 42 个参赛单位、87 支参赛队伍)
北方工业大学
北京交通大学

成都理工大学
电子科技大学
东北大学
桂林电子工业学院
国防科学技术大学
哈尔滨工业大学
华南理工大学
华侨大学
华中科技大学
吉林大学
江苏大学
南京航空航天大学
南京理工大学
上海大学
上海海事大学
天津大学
同济大学
西安邮电学院
西北大学
西北工业大学
西南交通大学
信息工程大学
中国传媒大学
中国科学院微电子研究所
中国矿业大学
中山大学
重庆大学
(台湾)亚东技术学院
武汉大学
东南大学

山东科技大学

西南科技大学

厦门大学

上海交通大学

汕头大学

杭州电子科技大学

地质大学

复旦大学

西安电子科技大学

清华大学等

竞赛命题评审委员会主任：吴德馨（中国科学院院士、中国科学院微电子中心主任、半导体器件和集成电路专家）

图29　吴德馨院士

本届竞赛团体冠军单位：清华大学

本届竞赛个人冠军姓名：陈文涛

第七届

"Altera 杯"第七届中国研究生电子设计竞赛

主办单位：全国工程硕士专业学位教育指导委员会

中国电子学会

承办单位：清华大学研究生院

冠名赞助：Altera 公司
赞助单位：深圳华为技术有限公司
竞赛时间：2010 年 8 月
竞赛地点：北京·清华大学
参赛单位：(共 80 个参赛单位、285 支参赛队伍)
　　　　　北方工业大学
　　　　　北京交通大学
　　　　　成都理工大学
　　　　　电子科技大学
　　　　　东北大学
　　　　　桂林电子工业学院
　　　　　国防科学技术大学
　　　　　哈尔滨工业大学
　　　　　华南理工大学
　　　　　华侨大学
　　　　　华中科技大学
　　　　　吉林大学
　　　　　江苏大学
　　　　　南京航空航天大学
　　　　　南京理工大学
　　　　　上海大学
　　　　　上海海事大学
　　　　　天津大学
　　　　　同济大学
　　　　　西安邮电学院
　　　　　西北大学
　　　　　西北工业大学
　　　　　西南交通大学
　　　　　信息工程大学
　　　　　中国传媒大学

中国科学院微电子研究所
中国矿业大学
中山大学
重庆大学
(台湾)亚东技术学院
武汉大学
东南大学
山东科技大学
西南科技大学
厦门大学
上海交通大学
汕头大学
杭州电子科技大学
地质大学
复旦大学
西安电子科技大学
清华大学等

竞赛命题评审委员会主任：戴浩(中国工程院院士)

图 30　戴浩院士

从第七届起中国研究生电子设计竞赛改为两级赛事,第七届中国研究生电子设计竞赛的决赛由清华大学承办,决赛按各分赛区报名队数分配参加决赛的队数;并设立七大分赛区,它们是:

东北分赛区(哈尔滨工业大学承办)
华北分赛区(北京北方工业大学承办)
华南分赛区(华南理工大学承办)
中南分赛区(武汉大学承办)
华东分赛区(杭州电子科技大学承办)
西北分赛区(西安电子科技大学承办)
西南分赛区(成都电子科技大学承办)

第八届

"Altera 杯"第八届中国研究生电子设计竞赛
主办单位:全国工程硕士专业学位教育指导委员会
　　　　　中国电子学会
承办单位:东南大学研究生院
冠名赞助:Altera 公司
赞助单位:深圳华为技术有限公司
竞赛时间:2012 年 8 月
竞赛地点:南京·东南大学

第九届

"华为杯"第九届中国研究生电子设计竞赛
主办单位:教育部学位与研究生教育发展中心
　　　　　全国工程专业学位研究生教育指导委员会
　　　　　中国电子学会
承办单位:
　　　　　东北赛区:哈尔滨工业大学
　　　　　华北赛区:天津大学

西南赛区：重庆大学
　　华中赛区：国防科技大学
　　华东赛区：杭州电子科技大学
　　华南赛区：桂林电子科技大学
　　总决赛：西安电子科技大学
冠名赞助：深圳华为技术有限公司
赞助单位：Altera、Synopsys、ARM、Ansys
总决赛竞赛时间：2014 年 8 月
总决赛竞赛地点：西安
参赛单位：共 148 个参赛单位、764 支参赛队伍
竞赛命题评审委员会主任：倪光南（中国工程院院士、全国政协委员、中国科学院计算技术研究所研究员）
　　决赛团体特等奖：国防科技大学的追梦队

第十届

"华为杯"第十届中国研究生电子设计竞赛
主办单位：教育部学位与研究生教育发展中心
　　　　　全国工程专业学位研究生教育指导委员会
　　　　　中国电子学会
承办单位：
　　　　　华南赛区：海南大学
　　　　　西南赛区：西南交通大学
　　　　　西北赛区：长安大学
　　　　　华北赛区：太原理工大学
　　　　　东北赛区：哈尔滨工业大学
　　　　　华东赛区：杭州电子科技大学
　　　　　华中赛区：南昌大学
　　　　　总决赛：浙江杭州余杭区利尔达物联网科技园和未来科技城
冠名赞助：深圳华为技术有限公司

赞助单位：Altera、Ansys、Synopsys、ARM、雷神、利尔达
总决赛竞赛时间：2015年8月11—14日
总决赛竞赛地点：浙江杭州余杭区利尔达物联网科技园和未来科技城
参赛单位：共160个参赛单位、780支参赛队伍
本届竞赛团体冠军单位：
(特等奖)解放军电子工程学院的"搏穹队"，参赛作品"有源相控阵空间功率合成雷达制约信号辐射'智能蒙皮'"
中国科学院大学的"电子空间"队，参赛作品"虹膜运动轨迹追踪系统"

第十一届

"华为杯"第十一届中国研究生电子设计竞赛
主办单位：教育部学位与研究生教育发展中心
　　　　　全国工程专业学位研究生教育指导委员会
　　　　　中国电子学会
承办单位：
　　　　东北赛区：哈尔滨工业大学
　　　　华北赛区：天津工业大学
　　　　西北赛区：西安石油大学
　　　　华中赛区：海军工程大学
　　　　华东赛区：杭州电子科技大学
　　　　华南赛区：汕头大学
　　　　西南赛区：贵州大学
　　　　总决赛：上海市嘉定工业区
冠名赞助：深圳华为技术有限公司
赞助单位：Altera、Synopsys、雷神
总决赛竞赛时间：2016年8月1日
总决赛竞赛地点：上海·上海师范大学天华学院
参赛单位：共200个参赛单位、1404支参赛队伍

总决赛参赛单位：共 115 个参赛单位、317 支参赛队伍

竞赛命题评审委员会主任：李德识（武汉大学电子信息学院院长）

本届竞赛团体冠军单位（团体特等奖）：

国防科技大学的"鹰眼 NUDT 队"，参赛作品"'自动跟随'无人机"

西北工业大学的"时代使命"队，参赛作品"极化敏感阵列卫星导航自适应抗干扰天线"

哈尔滨工业大学的"HIT 超精密"队，参赛作品"深亚纳米分辨力单频激光干涉仪信号实时细分技术"

第十二届

"华为杯"第十二届中国研究生电子设计竞赛

主办单位：教育部学位与研究生教育发展中心

全国工程专业学位研究生教育指导委员会

中国电子学会

承办单位：

东北赛区：哈尔滨理工大学

华北赛区：天津工业大学

西北赛区：西安理工大学

华中赛区：湖南大学

华东赛区：南京邮电大学

上海赛区：华东师范大学

华南赛区：深圳大学

西南赛区：西南科技大学

总决赛：惠州市人民政府

冠名赞助：深圳华为技术有限公司

赞助单位：Intel、Synopsys、聚利科技

参赛单位：共 329 个单位、2055 支参赛队伍

总决赛参赛单位：共 110 个参赛单位、294 支参赛队伍

总决赛竞赛时间：2017年8月19日—22日

总决赛竞赛地点：广东省惠州市

竞赛命题评审委员会主任：李德识（武汉大学电子信息学院院长）

本届竞赛团体冠军单位：

西安电子科技大学，参赛作品"嵌牛护理团队的'欢孝护理床'"

国防科技大学的天穹战队，参赛作品"对微型无人机被动探测与定位系统"

西南交通大学的交大高铁队，参赛作品"集中管控的低功耗长距离物联网通信系统"

第十三届

"兆易创新杯"第十三届中国研究生电子设计竞赛

主办单位：教育部学位与研究生教育发展中心

全国工程专业学位研究生教育指导委员会

中国电子学会

承办单位：

东北赛区：哈尔滨理工大学

华北赛区：中北大学

西北赛区：西安科技大学

华中赛区：郑州大学

华东赛区：中国计量大学

上海赛区：上海大学

华南赛区：广东技术师范学院

西南赛区：重庆邮电大学

集成电路专业赛（创"芯"大赛）；清华校友总会半导体行业协会；清华海峡研究院（厦门）；厦门理工学院

全国总决赛：南京江北新区、南京工业大学

冠名赞助：兆易创新科技集团股份有限公司

赞助单位：华为、Synopsys、Mathworks、Xilinx、RT-Thread、梦之墨

总决赛竞赛时间：2018 年 8 月 22 日

总决赛竞赛地点：江苏省南京市南京工业大学

参赛单位：共 235 个参赛单位、2428 支参赛队伍

总决赛参赛单位：共 110 个参赛单位、294 支参赛队伍

竞赛命题评审委员会主任：王志功（东南大学教授）

本届竞赛团体冠军单位：

南京理工大学的智能成像队，参赛作品"Cellmonitor 培养箱活细胞动态三维显微系统"

郑州大学的拓新者队，参赛作品"拓新者"

哈尔滨工业大学的 HITCRT 队，参赛作品"高速条码识别系统"

第十四届

"兆易创新杯"第十四届中国研究生电子设计竞赛

主办单位：教育部学位与研究生教育发展中心

全国工程专业学位研究生教育指导委员会

中国电子学会

承办单位：

东北赛区：哈尔滨理工大学

华北赛区：北京理工大学

西北赛区：西安邮电大学

华中赛区：南昌大学

华东赛区：杭州电子科技大学

上海赛区：上海电子学会、上海理工大学

华南赛区：桂林理工大学

西南赛区：云南师范大学

总决赛：南京江北新区管委会、南京信息工程大学

冠名赞助：兆易创新科技集团股份有限公司

赞助单位：华为、平头哥、TI、Synopsys、Arm China、Mathworks、Xilinx、RT-Thread

总决赛竞赛时间：2019年8月16日—18日

总决赛竞赛地点：南京·南京信息工程大学

参赛单位：共238个单位、3393支支参赛队伍

总决赛参赛单位：共125个参赛单位、380支参赛队伍

竞赛命题评审委员会主任：王志功（东南大学教授）

本届竞赛团体冠军单位：

空军工程大学的"科技创芯队"，参赛作品"面向大数据传输的超高速 PAM-4 串行发射机"

厦门大学的"匠芯队"，参赛作品"基于微纳生物芯片的智能化即时健康检测系统"

南京大学的"电闪雷鸣队"参赛作品"高灵敏度水中溶解性有机物光电检测技术及其手持式装置"

第十五届

"兆易创新杯"第十五届中国研究生电子设计竞赛

主办单位：教育部学位与研究生教育发展中心

全国工程专业学位研究生教育指导委员会

中国电子学会

承办单位：

东北赛区：哈尔滨工程大学

华北赛区：北京交通大学

西北赛区：西北大学

华中赛区：武汉理工大学

华东赛区：安徽理工大学

上海赛区：上海市电子学会、上海师范大学

华南赛区：四川省电子学会

西南赛区：北海市科技局、桂林电子科技大学（北海校区）

总决赛：南京市江北新区管委会、南京信息工程大学

冠名赞助：兆易创新科技集团股份有限公司

赞助单位：南京集成电路产业服务中心、南京江北新区产业技术研创园、南京江北新区科学技术协会、华为、平头哥、TI、Synopsys、Arm China、Mathworks、Xilinx、RT-Thread

总决赛竞赛时间：2020 年 8 月 18—21 日

总决赛竞赛地点：南京·南京信息工程大学

参赛单位：共 262 个参赛单位、3818 支参赛队伍

总决赛参赛单位：共 147 个参赛单位、348 支参赛队伍

竞赛命题评审委员会主任：王志功（东南大学教授）

最佳团体奖：西安交通大学

本届竞赛团体冠军单位：

上海理工大学的"爱学习队"，参赛作品"基于生物芯片的快速核酸凝胶电泳仪"

西南交通大学的"感温路在何方队"，参赛作品"智能多态无感测温系统"

南京信息工程大学的"逆行者小队"，参赛作品"低成本嵌入式呼吸系统监护仪"

第十六届

"兆易创新杯"第十六届中国研究生电子设计竞赛

指导单位：教育部学位管理与研究生教育司

主办单位：中国电子学会
　　　　　中国学位与研究生教育学会
　　　　　中国科协青少年科技中心

承办单位：
　　　　　东北赛区：哈尔滨工程大学
　　　　　华北赛区：山东电子学会、山东大学
　　　　　西北赛区：西北工业大学

华中赛区：中南大学
华东赛区：南通大学
上海赛区：上海市电子学会、上海工程技术大学
华南赛区：广西大学
西南赛区：重庆科技学院
总决赛：绍兴市人民政府

总决赛协办单位：北京交通大学、绍兴文理学院、绍兴市委人才办、绍兴市经信局、绍兴市教育局、绍兴市科协、越城区人民政府

冠名赞助：兆易创新科技集团股份有限公司

赞助单位：华为、飞腾、景嘉微、龙芯、TI、Arm China、Synopsys、Mathworks、Xilinx、易星标

总决赛竞赛时间：2021 年 8 月 13 日

总决赛竞赛地点：浙江省绍兴市（线上）

参赛单位：共 254 个参赛单位、5120 支参赛队伍

总决赛参赛单位：共 150 个参赛单位、427 支参赛队伍

竞赛命题评审委员会主任：王志功（东南大学教授）

最佳团体奖：西安交通大学

本届竞赛团体冠军单位：

国防科技大学的"穿墙小分队"

西南交通大学的"人行自走干扰源团队"

南京信息工程大学的"YYDS 队"

第十七届

"兆易创新杯"第十七届中国研究生电子设计竞赛

指导单位：教育部学位管理与研究生教育司

主办单位：中国电子学会

中国学位与研究生教育学会

中国科协青少年科技中心

承办单位：

东北赛区：哈尔滨理工大学

华北赛区：中科芯云微电子科技有限公司、中国海洋大学
西北赛区：西安邮电大学
华中赛区：郑州大学
华东赛区：福州大学
上海赛区：上海市电子学会、华东师范大学
西南赛区：西南交通大学
华南赛区：广东技术师范大学
总决赛：中共如皋市人民政府

冠名赞助：兆易创新科技集团股份有限公司
协办单位：北京理工大学
赞助单位：华为、飞腾、景嘉微、龙芯、广和通、TI、Arm China、Synopsys、Mathworks、Xilinx
总决赛竞赛时间：2022 年 11 月 11 日—13 日
决赛颁奖典礼地点：江苏省如皋市
参赛单位：共 272 个参赛单位、5824 支参赛队伍
总决赛参赛单位：共 189 个参赛单位、574 支参赛队伍
竞赛命题评审委员会主任：王志功（东南大学教授）
最佳团体奖：西安交通大学
本届竞赛团体冠军单位：
南京邮电大学的"上电不冒烟"团队
南京信息工程大学的"104 小队"
中南大学的"天元突破"

第十八届

"兆易创新杯"第十八届中国研究生电子设计竞赛
指导单位：教育部学位管理与研究生教育司
主办单位：中国电子学会
中国学位与研究生教育学会
中国科协青少年科技中心

承办单位：
　　　　　　东北赛区：黑龙江大学
　　　　　　华北赛区：北京工业大学
　　　　　　西北赛区：西安交通大学
　　　　　　华中赛区：南昌航空大学
　　　　　　华东赛区：南京理工大学
　　　　　　上海赛区：上海市电子学会、上海大学
　　　　　　西南赛区：昆明理工大学
　　　　　　华南赛区：广东工业大学、广东省电子学会
　　　　　　总决赛：东莞市人民政府
冠名赞助：兆易创新科技集团股份有限公司
总决赛竞赛时间：2023 年 8 月 11—13 日
竞赛地点：广东东莞市东莞理工学院
参赛单位：共 333 个参赛单位、6289 支参赛队伍
决赛参赛单位：共 136 个参赛单位、524 支参赛队伍
赞助单位：兆易创新、华为、飞腾、地平线、优利德、景嘉微、算能、龙芯、鼎讯、TI、安谋、新思、MathWorks
竞赛命题评审委员会主任：王志功（东南大学教授）
本届竞赛团体冠军单位：
华中科技大学的"原芯光电队"
浙江大学的"想要成为 EEstar 队"
东莞理工学院的"智能航行队"

附录3

从"华为杯"中国研究生电子设计自动化竞赛到"华为杯"中国研究生创"芯"大赛

慕容素娟：周老师，华为是如何与中国研究生电子设计自动化竞赛联系起来的？

周祖成：1995 年华为郑保用（工号 002）和我在评审电子部国家重点项目时表示想在清华设立"华为奖学金"，我建议他们支持"华为杯"中国研究生电子设计自动化竞赛，他非常赞同。

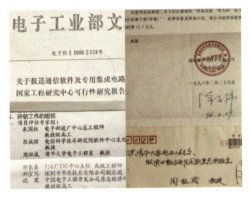

图 31　华为支持大赛的费用，经徐文伟寄给清华大学周老师

经过筹备，1996 年 8 月在清华大学举办了首届"华为杯"中国

研究生电子设计自动化竞赛。

慕容素娟：周老师，华为对竞赛提供了哪些支持？

周祖成：1—9届中国研究生电子设计自动化竞赛两年一次。

1998年，北京华大公司冠名赞助"华大杯"中国研究生电子设计自动化竞赛。

2000年，华为继续冠名赞助"华为杯"中国研究生电子设计自动化竞赛。

2002年，第四届竞赛由华为公司和深圳其他几家企业赞助，深圳清华大学研究院承办。华为和几家深圳公司一致表示"我们是深圳（又称鹏城）人，我们爱深圳（鹏城），故冠名"鹏城杯"中国研究生电子设计自动化竞赛，华为安排参赛队员参观新落成的龙岗总部和位于深圳湾的"明思克航母"。

第五届竞赛由于SAS和经费原因，延后一年推迟到2005年举办。Altera冠名赞助竞赛，华为公司徐（文伟）总表态："华为不和国内、外赞助公司争冠名权，仍将继续赞助中国研究生电子设计自动化竞赛。"

这样从2007—2023年，Altera冠名赞助了三届（第5、7和8届），新思科技冠名赞助了一届（第6届），兆易创新冠名签约赞助10届（第13～第18届）。从第九届起，中国研究生电子设计自动化竞赛开始由地方政府和开发区的赞助和承办。

华为即使不冠名，赞助费用也不减反增，2010年，在广州给金鹏的工程硕士上课期间，我去过深圳华为见到华为徐（文伟）总，谈到中国研究生电子设计自动化竞赛的规模越来越大，办赛的经费有压力时，徐总当即就指示相关人员，增加赞助中国研究生电子设计自动化竞赛的费用。

到2013年，为促进6G的研究，华为又在中国研究生电子设计自动化竞赛中增加6G的赛道，并为新赛道赞助了专用经费。

慕容素娟：周老师，中国研究生创"芯"大赛与中国研究生电子设计自动化竞赛有哪些关联，"华为杯"中国研究生创"芯"大赛是如何落地的？

周祖成：2017年,中国研究生电子设计自动化竞赛为集成电路开辟专业分赛区,得到了上海格科微公司的冠名赞助。

2018年"中兴事件"后,教育部学位办研究生培养中心在京召开"研究生创新实践系列5周年"纪念活动时,托我邀请华为公司余承东赴会演讲,华为支持"研究生创新实践系列活动",并促成了中国研究生电子设计自动化竞赛中的"集成电路专业赛"独立成华为冠名赞助的竞赛,并于当年在厦门举办了"华为杯"首届中国研究生创"芯"大赛。

图32 教育部"研究生创新实践系列赛事"5周年时华为余承东演讲

在余(承东)总的促成下,从首届"华为杯"中国研究生创"芯"大赛开始,华为每年为获得一等奖的师生们赞助以MPW方式流片的费用。

应华为邀请,"华为杯"第二届中国研究生创"芯"大赛的获奖师生,参观了华为总部和华为的松山湖基地。

2023年,"华为杯"第六届中国研究生创"芯"大赛在武汉光谷举行,创"芯"大赛参赛规模达近千支队伍了。

图 33　获奖师生参观华为总部和华为松山湖基地